Las huellas de un Hermano Cheo

Lourdes M. Figueroa Pérez

Publicado por Ibukku, LLC
www.ibukku.com
Diseño y maquetación: Índigo Estudio Gráfico

ISBN Paperback: 978-1-68574-157-0
ISBN eBook: 978-1-68574-158-7
LCCN: 2022910790

Índice

Dedicatoria

A mis difuntos padres:

Juan Abad Figueroa Hernández

De quien siempre me sentí sumamente orgullosa de saberle ser un fiel Hermano Cheo.

Dolores Pérez González

Ancla en la vida apostólica de mi padre.

Agradecimiento

A quien en vida fuera mi padre, **Juan Abad Figueroa Hernández**, Hermano Cheo, a quien considero coautor de este libro por su gran esfuerzo y dedicación al redactarlo estando en vida.

A Monseñor **Feliz Lázaro Martínez**, quien humildemente aceptó escribir la Introducción de esta segunda edición.

A mi prima, **María Figueroa Santiago**, por su gran esfuerzo y dedicación al editar esta obra.

Breves sobre la Congregación Misionera San Juan Evangelista Hermanos Cheos

La aparición de la Congregación Misionera San Juan Evangelista, Hermanos Cheos, ocurrió en el año 1902, en nuestra tierra puertorriqueña. Dios la creó allí, siendo María Santísima su única protectora. Su organizador y fundador fue el hermano José de los Santos Morales. Ésta fue una de gran ascendencia en el jibarito puertorriqueño. No fueron instruidos por nadie, sino que predicaban espontáneamente. Todo venía del cielo, siendo ellos instrumentos del Espíritu Santo en la Iglesia Latinoamericana.

Esta Asociación Apostólica de San Juan Evangelista fue aprobada oficialmente el 4 de febrero del 1927, veinticinco años después de la primera predicación del hermano José de Los Santos Morales. Monseñor Edwin Vicente Byrne aprobó la fundación de ésta a petición del Monseñor Gonzalo A. Noell, Vicario General de la Diócesis de Ponce y primer director espiritual de ellos.

Su propósito original fue contrarrestar el proselitismo protestante que se destacó en Puerto Rico a raíz de la Guerra Hispanoamericana. A consecuencia de esta guerra, las necesidades espirituales de muchas regiones quedaron abandonadas. Fue entonces que los Hermanos Cheos, con ahínco y esfuerzo evangelizador lucharon por mantener viva la fe católica y la devoción a la Santísima Virgen María.

Desde los comienzos de la obra, se consideraba la idea de que el "cheísmo" tenía que obedecer; que el misionero tenía que surgir del pueblo.

Su fin principal emanaba de la vida interior y espíritu de perfección. Como reglamento de vida todos los Hermanos Cheos célibes debían obedecer a los medios de santificación: pobreza, obediencia, castidad y otras virtudes aconsejadas por Jesucristo.

Las primeras personas que se lanzaron a predicar fueron mujeres, siendo la hermana, señora Eudosia, primera persona laica que predicó en Puerto Rico, quien echara los cimientos de ésta. El Sr. Eusebio Quiles fue el primer varón que se desempeñó como predicador laico, y que inspiró a José Morales en la fundación de lo que hoy se conoce como Hermanos Cheos. Se considera, además, que su cofundador fue el Sr. José Rodríguez Medina.

¿Por qué Hermanos Cheos? ¿Cómo surgió el nombre Cheo? Se afirma que el primer encuentro del hermano José Morales, fundador; y el hermano José Rodríguez, cofundador, fue imprevisto, ya que se encontraron para predicar en una misma casa sin haberse dado cita antes. Fue entonces cuando juntos hicieron el llamado "Pacto Cheo", y tratándose ellos como hermanos es que comenzaron a llamarse "Hermanos Cheos"; no sólo a ellos, sino a todos los misioneros que vinieron después.

El 15 de agosto del 1903, Fiesta de la Asunción de la Santísima Virgen, la señora Eudosia, José Morales y Eusebio Quiles se reunieron y formaron el ejército misionero asociado bajo el patrocinio de San Juan Evangelista y la protección de la Virgen de la Providencia, patrona de Puerto Rico.

Para el 1933, el número de los hermanos había declinado significativamente. Fue entonces cuando el hermano Carlos Torres, último hermano reclutado por el fundador, se dedicó a la obra de la restauración de los Hermanos. Se le considera como el verdadero reformador de los Cheos. Murió a la edad de noventa años.

Cuando se cumplieron los noventa años de esta obra evangelizadora, el Rev. Esteban Santaella, quien reconoció que fueron los Hermanos Cheos los que más influyeron en su niñez para ser el sacerdote que fue, señaló: "Si en noventa años la obra no ha desaparecido, es porque los Hermanos Cheos son obra de Dios".

Definitivamente, considero que ellos colocaron pie firme en el único Camino, que les llevó a la Verdad, y donde unidos Camino y Verdad se transformaron en Vida. A la memoria de aquellos "los pioneros", y en nombre del pueblo puertorriqueño, concluyo repitiendo las palabras de San Pablo a los Efesios: "Ustedes son la casa cuyas bases son los apóstoles y profetas y cuya piedra angular es Jesucristo. En Él toda la construcción se ajusta. Unido a Cristo todo el edificio va levantándose en todas y cada una de sus partes, hasta llegar a ser un templo consagrado y unido al Señor".

¡Cuán bendecida fue la suerte de nuestro pueblo puertorriqueño! La fe de aquellos, los Hermanos Cheos, "los pioneros" nos llevó a incorporarnos fielmente al pueblo de Dios.

Para conocer más sobre esta hermosa Congregación de los Hermanos Cheos, puede hacer referencia al libro *Historia de los Hermanos Cheos,* escrito por, quien en vida fuera, el Rev. Esteban Santaella Rivera.

Introducción

Mons. Félix Lázaro Martínez, Sch. P.
Obispo Emérito de Ponce, Puerto Rico

"Las Huellas de un Hermano Cheo" es la crónica narrada y vivida de quien en vida fuera un ser humano muy querido y apreciado por cuantos le conocieron, un jíbaro de Jayuya, cuya historia ha sido escrita por su hija menor, Lourdes M., fruto de los dictados cuidadosamente transmitidos, como si de un recuerdo celosamente guardado se tratara, en la que la autora se recrea de las huellas dejadas en los caminos recorridos por su progenitor, y, sin proponérselo, invita a que la acompañemos.

El Hermano Juan Abad Figueroa Hernández, a quien tuve el privilegio de conocer en los veintidós años, que conjuntamente con el Padre José Luis Larreátegui, desde la Pontificia Universidad Católica de Puerto Rico, en Ponce, nos trasladábamos todos los fines de semana, para ayudar en el ministerio pastoral de la parroquia de Jayuya, en el pueblo y en los diferentes campos, es el protagonista de esta historia, crónica la llamaría yo, elaborada a base de experiencias, hechos, anécdotas, situaciones concretas, vividas por un hombre de apariencia física corpulento, de espíritu recio y de fe profunda, abierto a la voluntad de Dios, sumiso a la gracia, devoto de la Santísima Virgen María, sencillo, amante de Jesús Eucaristía, y dotado de un gran celo apostólico por la salvación de las almas.

Se trata de una historia o crónica escrita por su hija menor, testigo cualificado, en seis entregas o capítulos, que llevan al lector desde los primeros datos biográficos preliminares, en que afloran sus orígenes pobres y humildes, y las debilidades propias de la juventud, hasta su muerte.

Como quien va desgranando una espiga de trigo, o va dejando caer a borbotones el agua de un frasco, relata así mismo el itinerario del cambio o transformación de Juan, en el hermano Cheo Juan Abad, que marcará toda su vida posterior, gracias a la mediación de los hermanos Carlos Torres, Federico Rodríguez y Magdaleno Vázquez, miembros de la Congregación de los Hermanos Cheos, cuya mística y espiritualidad, basada en el amor a nuestro Señor Jesús y en el amor a la Santísima Virgen María, irá modelando su espíritu y ampliando el campo de su vida apostólica.

El hermano Cheo Juan Abad entendió que el Señor lo había escogido para ser instrumento suyo, dedicado a la salvación de las almas. Ni las enfermedades ni las pruebas que sufrió, lo apartaron del compromiso contraído. El amplio capítulo dedicado a la vida apostólica da prueba fehaciente de su fidelidad y dedicación.

La autora, su hija pequeña, pinta en cuatro pinceladas, el perfil espiritual del hermano Cheo Juan Abad: "Estuvo comprometido a su misión apostólica por medio de la oración, diría que un cien por ciento. Su espíritu de pobreza y desprendimiento de todo lo material fue reflejo de su fidelidad, su entrega y conversión. Vivió siempre a merced de la providencia divina, siendo un acto de fe, que dejaba ver a su vez con gran convicción, su vocación extraordinaria. Depositó en las manos de Jesús su cansancio y su debilidad humana, adquiriendo, a cambio, fortaleza. Y profundizando más en su vocación interior pude ver su espíritu carismático y evangelizador haciendo votos de pobreza. Dios siempre le asistió con gracias y bendiciones; le dio el don de la palabra inspirada por el Espíritu Santo, fortaleciendo su fe, esperanza y caridad."

"Si tuviese que definirle, lo haría como hombre de gran fe, mariano por toda una eternidad, un fiel hijo de María Santísima, quien a su vez se convirtió en un hijo fiel de Jesucristo". La autora dedica todo un capítulo a la fiel devoción que Juan profesó a la Santísima Virgen María.

Seguir "las huellas de un hermano Cheo", es adentrarse en el cristiano de a pie, comprometido, servidor fiel a Dios y a la Iglesia, sencillo, familiar, íntegro, de carácter alegre, fuerte y recio en la adversidad y en la enfermedad, misionero incansable, enamorado de Jesús Eucaristía, y amantísimo de la Santísima Virgen María, que fue Juan Abad Figueroa.

Es conocer a un hombre de Dios en el entorno real de su vida diaria, y las circunstancias concretas de tiempo y espacio en las que se desarrolló su vida personal y familiar, por las que Dios lo va llevando, interiormente, por los caminos de la gracia, modelando su espíritu, y esculpiendo con cincel de artista, la figura del hermano Cheo Juan Abad, en el que ha dejado grabadas huellas inconfundibles.

La autora dedica el último capítulo, con acierto, a identificarlas, pues aparte de dar lugar al título de su libro, dibujan los rasgos más destacados de su personalidad y espiritualidad chea.

Me limitaré a enumerarlas, pues bien merecen la pena recorrerlas:

- La huella de la Conversión
- La huella de la perseverancia
- La huella de la oración
- La huella del sacrificio
- La huella de la Caridad
- La huella de la alegría
- La huella de su alma misionera
- La huella mariana
- La huella del amor Eucarístico
- La huella de la fe
- La Huella de la santidad
- La huella del servicio

A veces puede que nos asuste la vida de los santos. Particularmente, cuando nos los describen rodeados de aureolas, entre nubes y arreboles, meta que vemos lejana e inalcanzable para el común de los pecadores.

El encanto de la historia de hermano Cheo Juan Abad, estriba, precisamente, en que es una historia o crónica, independiente de cualquier juicio y valoración crítica, de un jíbaro que caminaba por las calles y caminos de Jayuya, cristiano de a pie, del que su hija menor ha recogido momentos e instantáneas concretos y reales, que ha querido hacernos partícipes y ha plasmado en este librito para edificación de cuantos lo lean.

Prólogo a la segunda edición

Fue para el año 1994 que nos encontrábamos, mi padre y yo, en el norte de Puerto Rico. Viajábamos en dirección al hospital Doctor Center en Manatí, donde asistiría a una cita médica. Recuerdo aquella esquina de la carretera número dos, estando ya en el pueblo de Barceloneta, cuando de repente mientras manejaba, me dijo: "Fíjate Lourdes, que los Hermanos me están pidiendo que escriba la historia de mi vida como Hermano Cheo, pero ¿cómo?". Y sin pensarlo dos veces, muy espontáneamente, considerándolo algo que contribuiría a la historia, y quién sabe si de ejemplo para otros Hermanos Cheos, le contesté: "Papi, no se preocupe. Usted redáctela que yo la editaré". Él se lo tomó muy en serio y así lo hizo.

Para el 1996, surgió la primera edición de estos escritos la cual fue titulada **Biografía de un Hermano Cheo,** y cuya Introducción fue realizada por el Obispo Auxiliar de Boston, Monseñor Roberto Octavio González Nieves, hoy día arzobispo de Puerto Rico en San Juan. (ver apéndice A) Lamentablemente, después de todos estos años, pude observar que aquellos primeros escritos eran más bien una sombra de todo lo que había sembrado mi padre. Observé también grandes errores gramaticales de los cuales asumo toda la responsabilidad, ya que siendo un poco obsesiva-compulsiva con que todo esté correctamente escrito, confié en la persona que lo transcribió, considerando que no era necesaria la ayuda de un corrector de textos. Hubo otras razones, pero no vale la pena entrar en justificaciones. Eso sí, quiero pedir disculpas a todos aquellos que lograron leer aquel primer libro, por tales errores. Gracias a Dios, éste nunca se publicó, sólo se hicieron copias. En esta segunda publicación, quiero que disculpen si hay alguna discrepancia en nombres, apellidos o años ya que los mismos fueron redactados basados en los escritos de mi padre a la edad de 70 años.

Después de su muerte, quise hacer una segunda edición de aquellos escritos, los cuales repasé estando aún en mi dolor. Todo lo vi diferente. Recuerdo que estaba mi herida latente y escribí lo siguiente:

"Oh nostalgia blanca que reviste mi alma; que anhela encontrarte y no puede abrazarte. Tenías setenta y dos años cuando comencé a pasar las hojas de un cuaderno. Un cuaderno donde encontré la sabiduría sembrada; donde encontré palabras de elogios roseadas con amor. Donde leía un rostro cansado, muchas veces adolorido por las cruces de la vida y donde resplandecía la alegría roseada en oración; bienaventuranzas sembradas. Había una enseñanza en cada amanecer y el tiempo fue grabándolas. Llegará el día en que también cruce el puente y uniremos nuestras ofrendas de amor para entregarlas al Amor de los amores".

Esto me motivó a escribir una segunda edición digna de mi padre. Me dediqué a la tarea de recopilar nuevamente aquellos escritos, consciente de que mis alas se posaron en cada uno de aquellos años de la historia, en cada una de sus huellas, en su caminar apostólico. En mi mirar profundo pude observar que fue uno de aquellos hombres que supieron levantarse y mirar siempre adelante sin desviar su mirada de Jesucristo.

Al inicio de su caminar citó las siguientes palabras: "Morir por Cristo es vivir" y, efectivamente, fue muriendo en Cristo en cada humillación, en cada rechazo, en cada incomprensión, en todas aquellas calumnias, en todo su cansancio físico, en toda enfermedad. En todo esto iba muriendo en Cristo, pues estaba consciente de cuánto todo esto lo unía a Él. Lo siguió a pesar de todo, dando testimonio de que el grano de trigo debe de morir para el bien del alma, y solo dar gloria al Padre. Su alma estaba apegada a Dios porque su diestra le sostenía. Todos aquellos momentos dolorosos los bendijo sosteniéndose en el salmo 62: "Sólo en Dios descansa mi alma". Se refugió en este hermoso salmo como "la fuerza que está por encima de todo" dejando ver, ante todo, su amor y gusto por las cosas de Dios. Él mismo lo citaba en aquellas las cartas que me escribiera años atrás: "No vale la pena hablar, si no tiene sabor a Cristo".

Hoy quiero dejar grabada cada una de sus huellas por medio de estos escritos. Y como señalé en aquella primera edición, reafirmando que Dios nos enciende con el poder de su Espíritu, no para quedar ocultos, sino para derramar su luz a todos los que están a nuestro alrededor. Para que, siendo pastores, podamos seguir sembrando la esperanza al pueblo de Dios, así como lo hizo él. Todos estamos llamados a colaborar en la construcción de nuestra Santa Madre la Iglesia Católica y ser luz del evangelio de Jesús. Les exhorto a que nos fortalezcamos en la fe por medio de la oración y siempre esté viva en nosotros la esperanza de la conversión. Ésta la podemos alcanzar por medio de la oración y la devoción a María Santísima, nuestra Madre.

Recordemos las palabras de San Agustín, a quien no podría pasar por alto, por haber sido modelo de conversión espiritual en la vida de mi padre: "Dedicaos más bien en hacer algo, para no morir nunca".

Lourdes M. Figueroa Pérez

CAPÍTULO I
Datos biográficos preliminares

La generación de la que provienen las raíces de mis padres fueron unas de muy íntegros valores morales, de principios muy rectos y de gran espíritu de lucha. La vida para entonces era una de enormes esfuerzos y grandes sacrificios, debido a la pobreza extrema que subsistía en aquella época. Las casas en su mayoría estaban construidas de madera y techadas de zinc viejo. No había agua, ni luz y mucho menos muebles donde sentarse. El famoso fogón formado por tres piedras era lo que se conocía como estufa y donde se preparaban los alimentos, que eran escasos. Era una época de miseria donde se desconocían los lujos. Los caminos estaban sin pavimentar y la mayor parte de los pueblos carecían de carreteras que impedían comunicarse entre sí. Debido a este factor, cuando había que transportar los productos del campo a la ciudad, se hacía en carretas con bueyes o en mulas. Los únicos medios de transportación eran los caballos en la zona rural y los coches en algunas ciudades. La educación era sumamente limitada, al igual que la economía; solamente los grandes hacendados eran de los pocos que sabían leer. Había crisis de todo: económica, política, social; más sin embargo, jamás se señaló que hubiera crisis de esperanza, de fe, y mucho menos de caridad. Allí había sentido de unidad, de hermandad y solidaridad. Aquella era una comunidad caracterizada por el gesto humilde que llevaba en lo íntimo del corazón, la fe y la esperanza de un futuro mejor. Y en este ambiente llegaron mis padres al mundo. Él mismo nos relató con aquel carácter jovial y siempre sonriente:

—Mis padres fueron pobres y ambos lucharon en la pobreza para poder subsistir y mantener a sus hijos. Recuerdo que mi mamá me contaba que en una ocasión mi papá enfermó, por lo que ella contrató quince cuerdas de terreno en una finca que trabajaba a machete para ganar el sustento de toda la familia. Yo, aún no había llegado al mundo. Pero más adelante me uní a diez hermanos: Tomasa, Eugenio, Faustino, Carmen, Antonia, Ventura, Monserrate, Vicente, Emiliano y Ramonita.–

Mi padre ocupaba el séptimo lugar de los once hijos, que como fruto del amor procrearon sus padres Teodosio Figueroa Figueroa y María Hernández Vásquez. Él llegó al mundo un 28 de febrero del 1922. Según relatado por nuestra abuela, nació en el barrio Portones de Villalba. Allí, en un humilde hogar, nació al que todos llamaron el hermano Juan Abad Figueroa, o simplemente el hermano Juan, o el hermano Abad. Fue bautizado en la capilla del Perpetuo Socorro ubicada en el barrio la Piedra, perteneciente al pueblo de Orocovis.

Sus primeros años de vida fueron unos de una vida nómada. Él nos señalaba:

—Mi papá no vivía mucho tiempo en un mismo sitio. El porqué, no lo sé.–

Según los relatos llegados por medio de nuestros abuelos y familiares, estas mudanzas eran debidas, en su mayoría, a las situaciones sociales que imperaban en muchos barrios. Había revanchas y muy mala fe. Los hombres tomaban la justicia en sus manos sacrificando a muchas personas inocentes. Por esta razón había entierros clandestinos.

Del barrio Portones, la familia fue a vivir al barrio Salientito de Jayuya. De aquí fueron al barrio Río Grande, y dos meses más tarde al barrio Caricaboa. Según fue descrito, la casa donde vivía era pequeña. Frente a ella sólo se observaba el gran cañaveral, donde la mayoría de los obreros trabajaban, y a lo lejos los caminos señalando muchas veces la tierra árida.

El 13 de septiembre del 1928, cuando contaba con apenas seis años, sufrió los estragos del huracán San Felipe; huracán que cruzó la isla de sureste a noroeste con vientos de ciento sesenta millas por hora. Fue clasificado categoría cinco. Él mismo nos lo relató, así como le fue relatado a él por su padre:

—Una mañana, a eso de las siete, mi padre tenía que salir para un trabajo de celador de cemento a granel bajado en barriles de madera con un señor llamado don Arturo. Este se usaba para la construcción de alcantarillas y puentes de las carreteras que conducían de Jayuya al barrio Cialitos. Yo siempre estaba detrás de los pasos de mi padre; así que le acompañaba al lugar donde habría de comenzar su labor de celador. Pero antes de salir, recuerdo que mamá le dijo a mis hermanos mayores: "Vamos a sacar matojos para cubrirnos de la tormenta; parece que va haber mal tiempo". Para esos tiempos, la señal de que se avecina mal tiempo era por las hojas del árbol de yagrumo. Este es un árbol que puede llegar a crecer a una altura de más de dos mil metros en laderas montañosas, sus ramas son gruesas y verdes y de gran tamaño. Por su revés presentan frecuentemente un color plateado o gris. Cuando se avecinaba mal tiempo todas las hojas de este árbol quedaban al revés. Mi papá, que era un hombre fuerte, fue el primero en comenzar a amarrar matojos. Unos los arrancaban con mamá y otros con papá. La familia trabajaba unida. Papá, una vez arrancó una parte, dejó a mamá y a los demás hermanos terminando la labor, marchándose conmigo a su compromiso de celador. Cuando nos encaminábamos, compró chocolate y pan, que sería el almuerzo y la comida que comeríamos en aquel rancho de penca de palma donde pasaríamos la noche. Cuando oscureció, encendió una linterna y comenzó a rezar el Santo Rosario. Yo rezaba lo que sabía. Al terminar la oración, tomamos un poco de chocolate; yo me fui a descansar. Él se había quedado cumpliendo con las responsabilidades de celador. Al día siguiente, había amanecido un poco nublado, y a eso de las nueve de la mañana comenzaba a caer lluvia rápida, y fue entonces que papá me dijo: "Hijo, va a caer mucha lluvia, creo que vamos a tener que regresar a la casa; parece que tendremos muy mal tiempo".

Como a eso de las diez de la mañana la lluvia comenzó a azotar más fuerte. Ya no era lluvia ligera, siendo los vientos aún más fuertes. Aquella experiencia que viví de niño aún la tengo latente en la memoria. Recuerdo los árboles cayendo como si fueran plumitas, los vientos fuertes, muy fuertes y la tierra derrumbándose cerca de nosotros y aquellos los ruegos de papá cuando decía: "¡Virgen Santa, sálvame a mí y a mi hijo!". Parecía un infierno de lluvia. Una vez más papá me dijo: "Vámonos, que esto es una tormenta". Me subió sobre sus hombros, entrelazó mis manos con las de él, como queriéndome amarrar a las suyas, y dijo: "Con Dios adelante y la Virgen". Mientras caminaba, los árboles caían cerca de nosotros, se derrumban los terrenos. Nunca podría olvidar la voz potente de mi padre suplicando constantemente: "¡Virgen Santísima, sálvanos a mí y a mi hijo! Ayúdanos a llegar a nuestro hogar donde están mi esposa y demás hijos". Yo, como todo niño ignorante, decía: "Vengan más palos al suelo". Papá, mientras, se convirtió en un San Cristóbal, que según la tradición católica lo describe como un gigante cananeo, que tras su conversión al cristianismo ayudaba a los viajeros a atravesar un peligroso vado llevándolo sobre los hombros. Mi papá continuaba cargándome en sus hombros. Me importaba poco lo que estaba pasando, ya que no conocía del peligro al caminar en aquellas circunstancias. Ahora que lo medito, era que me sentía seguro sobre los hombros de mi padre. Creo que estábamos a una hora de distancia del camino principal. Recuerdo que luego llegamos a una loma, y dejando atrás el camino que atravesábamos entre árboles, comenzamos a bajar hacia el barrio Río Grande, donde residíamos en esos momentos. Cerca del río se observaba una parte de la llanura hasta llegar a divisar nuestro hogar. ¡El río estaba tan crecido! Yo aún sobre los hombros de papá decía: "Crece más que se ve bonito". Mi padre guardaba silencio, creo que comprendía mi ignorancia de niño. Al fin llegamos bajo aquella monstruosidad de lluvia y de vientos. Él tocó la puerta de nuestra casa y entramos. Pude observar la alegría en el rostro de todos mis hermanos, incluyendo a mi mamá. Papá los bendecía, abrazando de inmediato a nuestra madre. Jamás podría borrar de mi memoria aquella escena de felicidad dibujado en el rostro de cada uno de mis hermanos. Mi mamá me tomó en sus brazos, me cambió de ropa, colocando luego un guineo asado sobre la mesa para que lo comiera. Estaban, además, unos vecinos que buscaron refugio en nuestra casa hasta el día siguiente.

Cuando calmó el tiempo, se miraba a los alrededores y lo que se podía alcanzar a ver era un caos, desolación y destrucción.

Después de la gran tempestad, había quedado todo destruido, desolado, sobreviniendo el hambre. Había gran escasez de comida. Sólo se comía harina de maíz molida, teniendo así muy poca alimentación y una vida muy, muy pobre; preso de las limitaciones existentes. Mi papá salía a buscar alimentos a la casa de un señor llamado Emiliano Marín, quien tenía un gran batatal que compartía, no sólo con nosotros, sino con otros tantos. Aquel señor fue el sustento de muchos en el barrio.–

Después de la tormenta, a los pocos días se mudaron al barrio Caricaboa, sector llamado Marín, centrado en una finca propiedad de don Agustín Fuentes, de nacionalidad española; una familia muy cristiana, por suerte.

Vivían pobremente y con poca alimentación. Su padre, responsable al fin, siempre supo salir a buscar el pan para sus hijos. Él, junto a su hijo mayor, Eugenio, se iban a trabajar en el área de construcción, a un lugar llamado Matrulla, y que por razones de distancia regresaban a su hogar cada quince días. Al terminar el contrato de trabajo, su papá se quedó empleado con don Agustín Fuentes, dueño de la finca donde vivían; y junto a sus hermanos mayores cultivaban la tierra en siembra de maíz, habichuelas, arroz y tabaco. Por suerte, un señor muy bueno, según reportado. Para entonces, la hermana mayor, Tomasa, se había casado. Sus otras dos hermanas, Carmen y Antonia, estaban solteras. Una trabajaba con la familia de don Agustín y la otra con la familia de don Generoso Carrero. Su salario era de cinco dólares al mes; salario que entregaban fielmente a su padre para ayudarlo a sobrellevar la obligación del hogar. Su madre siempre fue ama de casa, llevando una vida más bien sumisa.

Mientras tanto, Juan Abad, al cumplir la mayoría de edad, ingresó a una pequeña escuela del barrio Gripiñas, hoy, Escuela Miguel A. Sastre Oliver, donde cursó sus años primarios. Fue aquí donde comenzó la llamada de Dios, como pudo comprenderlo más adelante en su vida. Esta escuela contaba con sólo un salón de clases, donde se educaban alrededor de cincuenta niños desde el primer grado hasta el tercer grado. Todos iban descalzos.

Aquí comenzó a descubrir el secreto del lenguaje escrito, la melodía de las canciones infantiles y la grandeza de tener un amigo. Fue en este lugar donde comenzó a conocer y a experimentar los pequeños detalles, ante los cuales la vida tenía gran sentido. Y en ese pequeño mundo maravilloso quedaría enterrada su infancia.

Finalizando sus años primarios, tenía que proseguir su educación en el área urbana que le quedaba a kilómetros de donde vivía. El primer día de clases asistió muy humildemente vestido y descalzo. Al entrar al salón se sintió avergonzado, pues la mayoría de sus compañeros estaban calzando zapatos; se sentía incómodo. Entonces, astutamente, se propuso montar una escena para el día siguiente. Antes de llegar al pueblo había que saltar unas calzadas. Al llegar aquí, dispuesto a hacerlo, se dejaba caer al río y regresando a su casa mojado, inocentemente decía: "Mamá, me caí". "Pues no hay más ropa", le respondía ella.

Había una pobreza extrema. Sus padres no podían darles ni un solo centavo para que se comprasen nada. Económicamente se dependía del sueldo devengado por un padre, quien, como ya anteriormente señalamos, trabajaba cultivando la tierra en siembra de maíz, habichuelas, arroz y tabaco. No obstante, a pesar de aquellas circunstancias y de los muchos sacrificios fue desarrollándose en un ambiente familiar sumamente saludable.

Al dejar de asistir a la escuela, aprovechaba su tiempo cortando guayabos en el río para hacer carbón. De esta forma logró reunir un dólar con cincuenta centavos, con lo cual pudo comprarse sus zapatos y seguir asistiendo a la escuela. Un dato curioso era que al salir para la escuela llevaba los zapatos en la mano, y al cruzar el río, antes de llegar al pueblo se los ponía. Al salir de la clase, hacía lo mismo y todo para que no se le rompieran.

Otras travesuras de muchacho que fueron relatadas dejaron ver su carácter impulsivo y su gran astucia para salirse con las suyas. Mientras las narraba, las iba marcando entre carcajadas; reconociendo su audacia, insensatez, falta de madurez e ignorancia, en aquellos momentos.

—Mi madre recogía los huevos de gallina y durante la semana me enviaba a comprar algo a cambio de uno de ellos. Un día me dijo: "Abad, ve con ese huevo y dile a Teodoro que me envíe ajos y cebollas, pero avanza que es tarde y tu padre está sin almorzar y van a hacer las cuatro de la tarde". Teodoro era mi cuñado, quien tenía un pequeño negocio. Cogí el huevo y comencé a tirarlo para arriba y lo cachaba, mientras, a su vez, corría. Con tan mala suerte que en una se fue en blanco y cayendo sobre las lajas del río se hizo cuatro. Me dije a mí mismo: "Ahora sí, ¿qué hago?, mamá me pega". Ella nos decía que cuando uno se robaba un huevo, al morir o el día del juicio final, le pillaba un pollo con pluma. Para librarme de la pela, fui y velando a Teodoro entretenido tomé uno de los huevos de la misma tienda y le dije: "A mamá que le mandé ese huevo de ajo y cebolla". Al llegar a la casa, comencé a insistirle a mamá: "Deme un huevito para comprar pan". Una vez logré que me lo diera, regresé a la tienda y velando el momento oportuno, lo puse en el mismo sitio donde había tomado el primero. Salí respirando tranquilo, ya que estaba seguro no me iba a pillar el pollo el día del juicio final. Todo fue ignorancia y temor de sufrir una pela. Sin embargo, esto me hacía reflexionar en la falta que había cometido.–

En otra ocasión, echó a volar su imaginación y comenzó a pensar en que le gustaría construir un carrito de cuatro ruedas. Y así lo hizo. Se preparó cuatro ruedas de madera e hizo realidad lo que quería, tener un carro con guía y emergencia; el motor era una vara. Cuando estaba corriendo con él, se le acercó uno de sus hermanos mayores, Monserrate, y le dijo: "Préstame el carro para darme una carrera". Él negándose a prestárselo, provocó el que su hermano quisiese tomarlo a la fuerza y, sin pensarlo, le tiró con el carrito. Fue entonces cuando su hermano le preguntó: "¿Qué es mejor, romper el carro, o permitirme darme una carrera?".

Mientras sostenían esta conversación entre ellos, no se habían percatado de que su papá, que estaba parado en el balcón de la casa, les había estado observando. De repente le escucharon decir: "Qué bonito está eso. Vamos, suban los dos". Obedientes, y me imagino que asustados, subieron encerrándolos en uno de los cuartos. Les ordenó que se hincaran y cogiendo un pedazo de soga de majagua hecha por él mismo, la dobló en dos partes e indicándole a su hermano Monserrate: "Levántate, coge esta soga y dale cuatro azotes que se oigan". Él obedeció. Mientras lo hacía, mi padre pensaba: "Cuando la coja te la parto encima". Terminando, la cogió el papá nuevamente, señalándole: "Ahora te incas nuevamente". Luego dirigiéndose a mí, me señaló: "A ti no te la doy, pues eres menor y tienes que respetar a tu hermano mayor, y para que lo respetes también, como menor que eres, aquí te van estos otros cuatro azotes". Le pegaba sin pena. Permanecieron hincados por un período de quince minutos, período de tiempo en que su pensamiento estaba sólo ofuscado en lo que sería su solución.

—Cuando salga de aquí me voy, y no vuelvo jamás. Pasados los quince minutos, nos ordenó el que nos levantáramos. Mi hermano se quedó, pero yo que era malo, me fui de la casa sin decirle nada a nadie para no volver. Me dirigí a casa de mi hermana Tomasa. Cuando llegué, estaba sirviendo la comida a sus seis hijos y a su esposo. Una vez comieron todos, nos sentamos a la mesa y mientras comía un delicioso plato de comida que me había servido, le relaté lo que me había pasado y mi determinación de quedarme a vivir en su casa.–

"Aquí no hay cama, pero si quieres te amarro una hamaca", le señaló su hermana. Él aceptó su propuesta.

—Llegada la noche me preparó la hamaca. Yo me acosté, pero no podía dormir. A eso de las nueve sentí sed y hambre. No tenía a dónde ir. Todo estaba a oscuras y en silencio. Fue entonces cuando mis pensamientos comenzaron a rondar por mi mente. Tengo hambre y sed. En mi casa hay agua y comida. Mamá no sabía dónde yo podría estar. A este punto, me levanté dirigiéndome a mi hogar. Mi casa tenía una escalera de seis escalones que conducían a la puerta de entrada. Cuando ya estaba próximo a mi casa, pude observar que en el último escalón estaba mi mamá, con su traje negro, sentada y apoyando sus mejillas sobre sus manos. Cuando me vio llegar me preguntó: "Hijo, ¿dónde estabas?". Me percaté que estaba llorando. Me echó los brazos y le dije: "tengo hambre". "Tu comida está en el calor de la candela; ven, no hagas ruido que despiertas a tu padre que tiene que trabajar", señalándole su mamá con un tono de alegría. Me sirvió la comida y mientras comía, estuvo a mi lado hasta terminar. "Ahora, a dormir, ¡qué Dios y la Virgen te bendigan!". Nunca más pensé en irme de la casa, sostuve.

El amor de una madre no tiene medida, es incondicional. No duermen pensando en sus hijos, por más malos que sean. Y si son perversos, como lo fui yo, mucho más. Con razón la Virgen Santísima, a quien hoy quiero tanto, nos ama mucho. No mira cuán malos sean sus hijos, espera el regreso de ellos a la Iglesia, a Jesucristo, y al regreso nos echa sus brazos llevándonos para que comamos y bebamos el cuerpo y la sangre de su Hijo, y así calmar el hambre y la sed que nos devora. Gracias a Ella, hoy yo estoy aquí, señalé.–

Siendo los medios de comunicación social sumamente pobres, no había luz eléctrica y, por ende, no existían ni la radio ni la televisión. En los barrios reinaba el silencio y con el silencio reinaba la oración. Y en este entorno familiar giraba su infancia. Las raíces se iban fortaleciendo con los principios y valores que sembraban sus padres.

Ya para las cinco de la tarde toda la muchedumbre se encontraba reunida en sus respectivos hogares para cenar, y luego iniciar la oración con el rezo del Santo Rosario, alumbrados por la luz de una vela. Durante las noches, esta era una de las costumbres practicadas en familia. Luego, como había que cumplir con las obligaciones del día siguiente, todos se acostaban temprano, especialmente mi abuelo que acostumbraba a levantarse a las cinco de la madrugada para estar en oración por una hora, y después ir a cumplir con sus responsabilidades. Mi abuela, en cambio, a la luz de una vela siempre solicitaba a mi padre que le leyera de un librito titulado: San Agustín, el Sabio de Hipona; San Agustín, padre y doctor de la Iglesia Católica, máximo pensador del cristianismo del primer milenio.

Así nos relató nuestro padre, aquellos momentos que recordaba con gran cariño.

—Una noche me dijo mamá: "Abad, están todos acostados. Yo tengo un librito guardado. Quiero que, a la luz de una vela, me leas un ratito". "Sí, mamá", le respondí. Entonces ella encendía una vela, colocándola en un platillo. Estando los dos sentados en un banco, me solía decir: "No leas tan alto que vas a despertar a tu padre que tiene que trabajar mañana". Ya para eso de las once me decía: "Está bien, es tarde y hay que trabajar, y tú tienes que ir a la escuela. Si quieres, mañana continuamos leyendo".–

Al día siguiente por la noche, después de rezar el rosario y de todos haberse ido a descansar, fue él quien le pidió a su mamá el leerle otra vez. "¡Cómo no, hijo!", le respondía.

"A mí me había gustado lo que decía el libro", aclaró.

Jamás hubiera imaginado a esa edad que más adelante en su vida también las palabras de San Agustín le devorarían el corazón. Su hogar era eminentemente cristiano. Podría señalar que fueron sus padres los primeros maestros teologales de quienes aprendió a invocar al Dios Padre, Dios Hijo y a Dios Espíritu Santo.

Ambos les enseñaron los principios básicos de la fe cristiana cimentados en la oración. Con ellos aprendió no sólo a buscar el refugio y el amparo de la siempre misericordiosa Virgen María, sino que aprendió a rezar el Padre Nuestro, el Ave María y a tener plena confianza en ellos. Su madre, en particular, fue quien le enseñó a rezar las tres Ave Marías, el Ángelus y la oración de San Miguel Arcángel, demostrando ser una madre abnegada y preocupada por el bienestar espiritual de sus hijos.

Los años fueron pasando. Llegada la pubertad, despertó en él la inclinación a los juegos, las diversiones, los amigos y, sobre todo, su orgullo de juventud. Mi padre iba creciendo físicamente, pero sin capacidad, y mucho menos en gracia y ni en sabiduría. A los doce años comenzó una vida de maldades y mentiras, dejando ver su carácter explosivo y muy emocional. Comenzaba a desplazar aquel carácter fuerte y poco tolerante. Algunos de aquellos incidentes relatados por él fueron los siguientes:

Cuando muchacho, un Día de Reyes se quedaron en su casa sus abuelos y un tío. En la mañana se había levantado muy temprano. Su familia se encontraba a su lado, mientras él se aseaba su boca. Su papá estaba ordeñando una vaca, cuando le dijo: "Juan, dile a tu madre que me mande el tata". Mi padre sin pensar y, creo que, dentro de su inocencia, le contestó: "Papá, ¿por qué no va usted? "Al momento me comí la lengua. Sabía lo que me esperaba", señaló. Su padre le contestó: "¡Cómo no, hijo! Ven, sujeta el becerro". Él fue rapidito. Nos confesó que a esa edad el becerro le parecía un bebé. "Y mientras el becerro jugaba conmigo, porque tenía más fuerza que yo, mi papá subió a la casa; fue y cogió el tata y del mismo sitio de donde le había contestado, me agarró con la misma hiriéndome en la cabeza. De inmediato, solté el becerro. Él fue a mi encuentro, amarró el animal pidiendo a su vez agua para lavarle la herida". Mientras le curaba, le señalaba: "Mi hijo, yo obedezco a mis hijos para que ellos me obedezcan a mí. Me hiciste pasar un bochorno delante de la familia". "Abrazándome me mandaba para la sala".

—En otra ocasión recuerdo que, a los doce años, Teodoro, mi cuñado y esposo de mi hermana mayor, y a quien apodamos Macia, me dijo: "Oye, Juan, ahora Docio está en el balcón (Docio era el apodo del nombre de mi padre), te doy un vellón (cinco centavos) si vas y maldices al sacerdote delante de él".–

Un señor que, para él, el señor cura, como dicen algunos, era Jesucristo, y así lo es, ¡te podrás imaginar!

—No lo pensé dos veces y le dije: "Dame el vellón, que lo haré".–

Teodoro, le señaló:

—No, te lo doy cuando regreses, porque además te daré una carrera en el potrillo de papá.–

—Por el vellón y la carrera, me dispuse a montar una escena de teatro. Cuando llegué frente a mi padre, simulé que tropecé y me dejé caer, cumpliendo con lo solicitado por mi cuñado. Al mismo instante eché a correr. Y como era de esperarse su reacción, él también se echó a correr tras de mí, alcanzándome cerca del río. Recuerdo que resbalé, me caí, con tan mala suerte que él también cayó sobre mí y por poco acaba conmigo. Pero me gané el vellón y la carrera en el potrillo. Hoy medito que cuando se premeditan las cosas, si hay conocimiento de la materia, aquí está el pecado". "Hombre soy, no Dios. Carne soy, no ángel", decía San Agustín.–

Así nos crio nuestro padre. Hoy doy gracias a Dios por habernos dado un padre bueno. Los padres que aprueban y dan por visto bueno todo lo que hacen sus hijos, no son buenos padres. Así es como pienso, que cuando nos vienen las enfermedades son pruebas de que Dios Padre nos ama y no quiere que nos perdamos.

—Un día llegué de la escuela y estaba mi hermana, Carmen, lavando el arroz para preparar la comida. Se cocinaba con leña y una vez prendida la leña se sabe que se convierte en ceniza. Es de saberse que la mayor parte de la madera es celulosa, y está formada por muchos átomos de carbono e hidrógeno enlazados entre sí y algunos elementos más. Cuando el carbono se quema forma dióxido de carbono, y cuando el hidrógeno se quema forma agua. Además, hay otros componentes de la madera que no se pueden quemar y forman las cenizas. Bueno, le dije: "Carmen, dame una sopita que tengo hambre". Ella me contestó: "No ves que estoy lavando el arroz y echándolo a la olla". "Si no me das la sopa le echo agua a la candela".–

Ella le contestó: "Atrévete y se lo digo a papá".

—Sin ton ni son, cogí un pote de agua y se la eché a la candela. Yo no creía que fuera a suceder lo que pasó. Toda la ceniza se levantó y fue a parar dentro de la olla. Mi hermana enfurecida dijo: "Mira lo que hiciste". Deja que llegue papá. Y papá que subía las escaleras de la casa… "¿qué pasa?", papá preguntó. Mi hermana le dijo: "Que éste dañó la comida con ceniza". Juan, para que te quiero… fui a correr y caí en los brazos de papá. Me pegó, me amarró del techo con un pedazo de soga y cortó hojas secas colocándolas debajo de mí. Cuando iba a prender fuego, apareció mi mamá quien exclamó asombrada: "¡Dios mío vas a quemar la casa y a matar a ese muchacho!". Ella me soltó. Recuerdo el tremendo hematoma que tenía a consecuencia de la caída al dar con mi frente en el suelo. Fue entonces cuando papá despertó de aquella ira, estaba ciego. Confieso que todo fue mi culpa.–

A los diecisiete años, sus amigos eran aquellos de muy malas influencias. Su vida no era sino sinónimo de canciones, bailes, novias, y una de traición a sus amigos. Él mismo lo admitía. "Tenía amigos que comenzaban a sembrar malas ideas y sin alejarme de mi hogar me escapaba. Cantaba como el ruiseñor, de todo. Y tenía buena memoria para aprenderme las canciones mejicanas, que por cierto eran mis favoritas. Para ese tiempo comenzaron a salir las velloneras. Estas eran como cajas de música y su nombre proviene del 'vellón', término con que se conoce la moneda de cinco centavos, que era lo que costaba sonar la música escogida por el usuario".

—Nunca eché un vellón en ellas, pero cuando pasaba por las calles del pueblo y oía una ranchera me detenía y salía cantando. Recuerdo que mis amigos me pedían el llevarle serenatas a sus novias y luego los traicionaba, pues terminaba quitándoselas.–

Juan iba mal, pero no se daba cuenta.

—Por otro lado, tenía mal genio. Lo que no me gustaba no lo soportaba y me iba a las manos, fuera con quien fuera. Un Viernes Santo, por defender una prima, me fui a los puños siete veces durante el transcurso del día. Fuera de esto nada tenía sentido.–

Su mundo era más bien uno de superficialidad, lo cual contribuía a que estuviese completamente vacío, despreocupado y desprendido de todo. No se daba cuenta de lo mal que iba. Peleaba constantemente, no importándole si lo hacía un Viernes Santo o un Domingo de Resurrección. Estaba absolutamente vacío del alimento de Vida, y cada día ennegrecía su alma con la mancha del pecado, el orgullo y la vanidad; iba cayendo en lo más bajo. La lepra le iba consumiendo poco a poco cuerpo y alma. Su madre le aconsejaba inútilmente. Nunca pensaba en cómo enmendar sus defectos. Su asistencia a la santa misa era por obligación, pues de no ir su padre le castigaría.

La lepra le estaba consumiendo por medio del pecado. Buscaba su deleite en cosas vanas y cada día caía más en aquella oscuridad mundana. Pero pese a todo, aún en sus extravíos, nunca olvidaba las oraciones enseñadas por su madre: "tres Ave Marías a la Virgen y la oración de San Miguel Arcángel, siendo María su refugio y amparo".

A la edad de diecinueve años, un viernes víspera de Nochebuena, se encontraba en un baile donde tocaba las maracas. Pese a su locura de juventud, debo admitir que nunca le gustó el abuso y en el baile había un amigo bailando que estaba tratando de abusar de su pareja. Escuchó que estaban discutiendo y ella le decía: "Si sigues de esta forma, te dejo plantado en medio de la sala". El parejo le dijo: "Si lo haces, te meto una bofetada". Al escuchar el comentario interrumpió la música. Estando en privacidad, le llamó la atención, pero en mala hora. Éste le dijo: "Si tu hermana hubiera estado en su lugar, también a ella le hubiera pasado lo mismo". Ni tonto ni perezoso, le dio una bofetada que cayó atontado. Decían que daba con puño de piedra. Pues bien, desde esa noche no volvió al lugar. Como resultado de este incidente, esta persona un día lo veló y a traición le ocasionó una herida por el cuello, que por cierto le dejó una cicatriz permanente. El doctor le dijo: "Media pulgada más y te hubiera enviado la muerte". Le tomaron cinco puntos. Y porque era víspera de Nochebuena le pidió al doctor que le diera de alta, a lo cual se negó rotundamente ya que no podía irse con aquella herida tan fresca. Siendo poco tolerante, impulsivo y autoritario le señaló: "Pues me voy en piyamas". El doctor le dio órdenes a la enfermera de que le diera la ropa, pero que regresara al día siguiente para curarle. Al salir eran como las diez de la mañana, por lo que el sol estaba caliente. Una señora en la calle le dijo: "Hijo,

¿dónde va usted con esa herida tan reciente y este sol tan caliente?" Tenga, tápese con esa sombrilla". Nunca supo quién fue la señora y mucho menos si se le entregó la sombrilla. Ya cerca del hogar paterno, escuchó que estaban tocando y cantando en una de las casas de la vecindad. Cruzó el río y así con el cuello encogido, debido a la herida, tomó las maracas y comenzó a cantar aquella famosa canción mexicana titulada "Jalisco no te rajes". Cuando hizo fuerzas al subir la voz, sintió como la herida se había abierto y comenzaba a sangrar. Los puntos se habían reventado. Volvió al hospital, donde en lugar de cinco puntos, le cogieron ocho y a sangre fría. Luego regresó a la casa manteniéndose tranquilo. "Hombre soy, no Dios. Carne soy, no ángel", señalaba.

—Ahora que tengo conocimientos cristianos, me atrevo a repetir este verso que dice:

De la vida en el camino
la muerte has de encontrar.
En qué día no lo sabes
o quizás muy cerca está.

No me cansaré de repetir que la madre de Jesús me favorecía en aquellos momentos tristes y desgraciados de mi vida; además de aquellas oraciones de mi madre.–

Sus padres fueron ejemplos de vida que estimulaban a su hijo a seguir aquéllos sus caminos.

Dado su carácter, interrumpió sus estudios. Su ociosidad le llevaba ser exigente, muy demandante con sus hermanos y aumentaba su soberbia, sintiendo sus venas como ríos que corrían torrentes, desenfrenados. Mientras buscaba sus propios deleites, cometía graves errores, sin saber cuán graves eran. ¡Cuán ignorante estaba del dolor que les causaba a sus padres! Ellos sufrían sus tropiezos, aquella, su senda marcada por un abismo perdido. Ellos en su dolor, no tenían sino que refugiarse en el silencio interno de sus oraciones, pues creían fielmente en las palabras de Jesús: "Todo lo que pidan en una oración llena de fe, lo conseguirán". (Mt 21, 22 La Biblia Letra grande Latinoamericana) Con éstas se profundizaba su fe, iluminando así las tinieblas de su dolor. Ellos, con sus oraciones estaban seguros de que Dios le conduciría hacia el "Camino de la Verdad y la Vida", y que tarde o temprano la oración le libraría de la esclavitud del pecado mundano. Su fe no era sino la esperanza de conversión.

Y no estaban lejos, porque Dios le preparaba para que fuese partícipe de aquél, su reino, comenzado por Jesucristo, pues, aunque extraviado entre sus anhelos y amores de juventud, la semilla de la espiritualidad implantada por sus padres estaba allí, pero aún permanecía dormida. Para entonces, era como el granito de mostaza, muy pequeña aún, pero crecería hasta ser arbusto. (Mt 13, 31-32) Jamás hubiera imaginado que más adelante ésta germinaría para beneficio del pueblo de Dios; mucho menos que sería él, el más débil entre los débiles, como decía Santa Bernardita, el escogido para proclamar el nombre y la palabra de Jesús.

Ya en plena juventud, quizás cuando sus padres deseaban que se casara legítimamente y formara un hogar cristiano de principios rectos, era cuando más se refugiaba en la oscuridad del pecado.

Encerrado en los placeres, los bailes, la vida libre, no podría jamás encontrar a Dios. Todo se desvanecía, reduciéndolo al polvo. No se daba cuenta que sus pies estaban cansados por los tropiezos en el camino; que su voz estaba muda de toda palabra eterna; que sus brazos estaban atados por no llevar su cruz como era debido; que sus ojos vacilaban ante el paisaje, por no poder contemplar la belleza de la naturaleza creada por Dios y que sus manos estaban vacías de todo. Su "mundo", era el mundo. Y bien sabemos que "los que viven conforme a la naturaleza del hombre pecador, sólo se preocupan por lo puramente humano, y preocuparse por lo puramente humano lleva a la muerte. (Rom 8,5-6)

—Los enemigos del alma, que son el mundo, el demonio y la carne, me hicieron caer. Como otro Agustín de la época, me envolví en el fango. Tuve un hijo (Hipólito), de quien no me arrepiento, pero sí del pecado. A penas tenía dieciocho años.–

No obstante, esto no fue obstáculo para que continuara disfrutando de su libertinaje. Mientras Dios, paciente, lento y misericordioso le aguardaba para que, a la hora de su llegada a la casa, le dedicara por medio de María Santísima, las tres Ave Marías que había aprendido a rezar de los labios de su madre, así como también la oración de San Miguel Arcángel, patrono y protector de la Iglesia Universal. En aquellas tres Ave Marías estaba oculta la esperanza sin saberlo.

Dos años más tarde, a la edad de veinte años, luego de haber asistido a un baile navideño que había finalizado a las doce de la madrugada en el barrio el Salto, tuvo que caminar hora y media para llegar a su casa. La noche estaba oscura y serena, el cielo claro y estrellado. Mientras caminaba en medio de aquel silencio que embargaba la noche, y faltando casi diez minutos para llegar a su casa..., sintió como si dos manos pesadas se introdujeran en los bolsillos de su pantalón. Esto lo detuvo. Aquella soledad oscura que sentía que le hablaba, que le interrogaba, le llevó a mirar el ritmo de la vida que llevaba. Sintiéndose prisionero de su juventud y de una vida vacía, sólo miró a su alrededor, y sin lograr ver apenas nada, levantó sus ojos al cielo y dijo: "Dios mío estoy perdido. ¡Sálvame! Si quieres, concédeme una joven para casarme, que me ayude a salvar mi alma y yo la suya". Luego de esta petición, rezó la oración de San Miguel Arcángel. Al finalizar sintió entonces como la sensación anteriormente descrita había desaparecido. Nunca supo lo que fue. Y así pudo continuar su camino hasta llegar a su casa.

Al día siguiente, su papá le llamó para que asistiera a misa con su hermano Monserrate, pues había una sola misa y ésta era a las ocho de mañana. Ya en la iglesia, se sentaron en la segunda banca y el sacerdote, padre José Torres, que le decían "casca rabia" por el genio que tenía, estaba arreglando el altar. En esos momentos se sentaron dos muchachas detrás de la banca donde ellos se habían sentado, y comenzaron a hablar. El sacerdote, arreglando el altar, los miraba de vez en cuando. Una vez terminó, bajó donde ellos se encontraban, dándole tremendo cocotazo, les dijo: "A la iglesia se viene a orar, no a hablar; es casa de oración", retirándose a la Sacristía. Su papá que les acompañaba, les dijo: "¡Silencio, habló el sacerdote, habló Cristo!".

—Pero yo estaba que echaba chispas, ya que no éramos nosotros quienes hablábamos, sino las muchachas. Lo consideraba algo injusto. Ahora comprendo mi vida y la batalla de Satanás con mi alma, así como medito estos versos:

Tengo un alma que no muere
Tengo un alma que salvar
Si mi alma se perdiere
Poder siempre perdida estar.

Después de haber finalizado la misa, de regreso a su casa su padre compró pan, luego de haber caminado una hora. Encontrándose en su casa, llegaron a sus oídos sonidos de unas cuerdas de guitarra, despertando en él sus deseos aquellos parranderos. Dejándose llevar por el deleite de la música, se encaminó al hogar de donde provenía. Rara vez visitaba aquella casa. ¡Efectivamente, era una parranda! Alguien allí presente dijo: "Llegó Abad". Inmediatamente comenzó a cantar, pues cantaba como el ruiseñor. De repente vio a una muchacha bajita, de cabello largo y muy perfilada ella. En ese instante recordó la súplica dirigida a Dios la noche anterior. Algo en su corazón le dijo: "Esa es, háblale". Y en ese encuentro comenzaba, quizás por primera vez, a experimentar la tristeza y la amargura. Recordó que había pedido cantar la canción *Virgen de medianoche*, que estaba en todo su "apogeo". Y mientras la cantaba, observaba a quien sería su esposa por toda una vida.

La muchacha fue como la flor del nardo que comenzaba a desplegar su aroma al desplegar sus pequeños pétalos. Mi padre había observado su belleza física, pero desconocía de su belleza espiritual y grandes virtudes. Proviniendo ella de una familia muy buena, eminentemente religiosa y de principios sumamente rectos, todo estaba en su contra. El papá de la muchacha era sumamente estricto y la negatividad de ella le hacía vivir momentos muy tristes. No obstante, algo en su interior le decía que aquella habría de ser su esposa, que no se apartara.

Ante la negación de la muchacha, se recogió y meditaba mucho. Un día hizo una retrospección hacia su infancia recordando cuando tenía de nueve a diez años, y leía del libro de *San Agustín* a su mamá.

—Recuerdo que decía el libro: "Hay día y hay noche. El sol y el día son figuras de Cristo; la noche, figura de las tinieblas. El día se hizo para trabajar y la noche para descansar". Señalaba el libro, como ejemplo, que "en tiempos de Navidad salen las personas buscando donde fiestear y bailar". Unos por un lado y otros por otro. De la misma manera, salen legiones de demonios desde las siete de la noche, buscando a quién devorar. Se citaba:

Alguna vez cuando has salido solo has sentido miedo y escalofríos, pues en ese momento ha pasado una legión de demonios por tu lado, y se han pegado tanto a tu cuerpo que solo Dios, no ha permitido en ese momento que se te peguen. Tan horribles son, que si los vieras caerías muerto del temor. Y si tu vida estuviera en pecado mortal, también caería tu alma al infierno para siempre; pues al cielo nada manchado entrará, y si estás en pecado mortal, mucho menos.

San Agustín con su sabiduría me ayudó en mi perseverancia, y a estar más firme en mi caminar. Las meditaciones descritas anteriormente, unidas a la oración dirigida a Dios, me iban fortaleciendo más en la fe. Con aquella perseverancia que iba aprendiendo a tener, aguantaba más las bridas del freno que llevaba mi caballo desembocado, que era mi cuerpo.–

Dios comenzaba a perfumar un poco su extraviada juventud para luego encaminarlo por el único Camino verdadero. Ya se iba acercando a la santa misa con un poco más de amor, pues durante la celebración de ésta iba descubriendo a Jesús, como Sacerdote, como Profeta, como Rey, y demás "riquezas insondables de Cristo". Los recuerdos de las lecturas de San Agustín y la oración le fueron fortaleciendo la fe, teniendo así más perseverancia. Por medio del Espíritu hizo morir aquellos deseos mundanos y ahora comenzaba a vivir. (Rom 8,12-13) Ya estaba aceptando que era un pecador y que sólo Dios podía liberarlo. "Puse mi esperanza en el Señor, me salvó de la fosa mortal, me libró de hundirme en el pantano", señalaba. (Sal 40, 1-2 Dios habla hoy La Biblia)

Para el año 1946 ya se habían comprometido. Recuerda que estuvo un año saliendo del trabajo dedicándose a cortar madera para construir la casa donde vivirían. El primero de noviembre del 1947 recibieron a las once de la mañana el Santo Sacramento del Matrimonio. Ese día fue uno de gran gozo para sus padres. "¡Bendito sea el Señor, porque ha escuchado la voz de mi plegaria!" (Sal 28, 6).

Aquel, su padre, lleno de alegría desbordante al ver a su hijo casado, salió a la calle y levantando los brazos al cielo exclamó: "¡Gracias te doy, Padre mío, ¡porque por fin veo a mi hijo casado por la Iglesia!

Porque este hijo mío estaba muerto y ha vuelto a vivir, se había perdido y lo hemos encontrado. Y comenzaron a hacer una fiesta". (Lc15, 24) Y así fue. En aquel, su hogar, que nunca se había celebrado fiesta alguna, ese día se celebraba en grande aquella unión. Podría decirse que se celebraba en "acción de gracias" por la paz y reconciliación de su hijo para con Dios, y por la paz que se respiraba en los corazones de sus padres, después de tanto dolor y sacrificio por su hijo.

Con esta unión Dios había encendido aún más la luz en el alma de mi madre para que alumbrara el camino de mi padre, su mundo interno. Poco a poco ella continuó regando la semilla de la fe en su corazón, la cual germinaría para beneficio de sí mismo y del mundo.

Desde aquel instante de su casamiento comenzaba a derrumbarse aquel hombre viejo para dar paso al hombre nuevo que se levantaba en pos de Dios; comenzaba a vivir una nueva vida junta a su esposa. El mundo comenzaba a morir poco a poco para él, escalando así un nuevo horizonte en su camino. Recién comenzaba su conversión por medio del Espíritu Santo, que lo llevaría a conocer y a gozar de su verdadera libertad. Comenzaba un amanecer al Camino, a la Verdad y a la Vida. Su libertinaje quedaba atrás. En las alas de su libertad se podía sentir la gracia que sólo le podía salvar. En la oscuridad de su alma ya había una luz que le alumbraba, pues era guiado por el "espíritu de Dios". Señalaba San Agustín: "Todo santo tiene "su pasado" y eso quiere decir que todo pecador tiene "su futuro".

Es grato imaginar que en aquellos momentos el corazón de nuestro padre repetía: "Tu, Señor, estás conmigo. Aunque pase por el más oscuro de los valles, no temeré peligro alguno". (Sal 23,4)

CAPÍTULO II
Vocación y vida seglar

Dios había ido en busca de la oveja descarriada, de la oveja sin pastor. Mi padre nada sabía de religión, sólo entendía del mundo. Su instrucción religiosa y espiritual no era suficiente. No obstante, Dios sabía que era un hombre con un corazón sensible al dolor, transparente al dolor y, conociendo su corazón, quería purificarle más para que profundizara más en la fe y creciera en santidad. Así que le tenía en sus planes para que fuese su instrumento y, al igual que a sus apóstoles, lo convertiría en pescador de hombres. Dios necesitaba de sus pies y de su voz para seguir transmitiendo y construyendo la obra de su redención divina. Sólo Dios podría lograr esta transformación, pues, como señalaba quien en vida fuera el Papa san Juan Pablo II: "Solo Dios puede dar un corazón puro, un corazón que tenga la plena transparencia de querer totalmente de acuerdo con el querer divino. Sólo Dios puede renovar el ser íntimo, cambiarle desde adentro, rectificar el movimiento fundamental de su vida consciente, religiosa y moral".

Dios estaba allí, y una vez más le hizo sentir su presencia, su llegada y se quedó iluminando sus días y noches oscuras hasta hacerle ver la esperanza de un nuevo amanecer. Y esta presencia fue viviéndola lentamente. Dios lo había llamado y lo guiaría por caminos de esperanzas.

El primer instrumento Él que empleó para que fuese perfeccionándose en la fe y se abrazara a la vida espiritual fue la catequesis. Siendo ésta el medio por el cual la Iglesia subraya la grandeza del Padre, del Hijo y del Espíritu, como dador de vida y siendo su reto la conversión del pecado, Dios le brindaba su palabra, su mensaje, para que poco a poco lograra aquella conversión que por medio de su espíritu lograría en su corazón por amor a Él y al prójimo.

Habiendo necesidad de personas que pudieran responsabilizarse por la catequesis, padre Pablo, párroco de la iglesia en el pueblo de Jayuya para ese entonces, le solicitó que instruyera a los niños del catecismo. Aceptando a la petición, formaron un grupo de dieciocho jóvenes, siendo él el presidente. Las responsabilidades de estos grupos consistían en visitar los diferentes barrios. Padre Pablo quería mucho al grupo, por lo que les consiguió botas de gomas a cada miembro para que las usaran cuando lloviera. Allí se rezaba el rosario en honor a María Santísima; se daba instrucción religiosa por quince o veinte minutos y luego se finalizaba con el catecismo. Una noche tenían asignado hacer el rosario en la Cuesta del Cementerio, sector en el pueblo de Jayuya. Llovía mucho, por lo que el sacerdote les dijo: "Está lloviendo, no vayan a rezar, tomen este dinero y vayan al teatro". Al marcharse, mi padre les aclaró a los integrantes del grupo: "Quien sabe si es una prueba del Padre. Mejor compramos pan y queso y lo llevamos a nuestras casas". Aceptando, así lo hicieron. Al día siguiente regresaron donde el padre, quien les preguntó: "¿Fueron al teatro?". "No, padre, compramos pan y queso y regresamos a nuestras casas", les respondieron. "Bien hecho, porque yo no doy dinero para teatro; sólo los quise probar", le contestó.

Para entonces, muchos de los que integraban el grupo de la catequesis se habían casado y no pudieron continuar en el mismo. Él se responsabilizó de los rosarios, por lo que el padre Pablo le hizo entrega de una hermosa imagen de la Virgen de Fátima. (ver apéndice B) Y al igual que el apóstol Juan: "...desde aquella hora la recibió en su casa" (Jn 19, 27), pues fue la misma imagen que siempre le acompañó en sus giras apostólicas durante toda su vida. Con ella, padre Pablo le había hecho entrega del refugio, del auxilio y de la consoladora sin fin. Con aquella bella imagen continuó haciendo las visitas domiciliaras a diferentes hogares donde se hacía oración y se cantaban himnos en honor a Ella.

La gente, para esos tiempos, de la misma forma en que reflejaban su gran espíritu de lucha, proyectaban su fe; una fe auténtica que no se apagaba, era así como una piedra firme. Resplandecía a través de aquellos hermosos cánticos dedicados a la Virgen. Y en aquellas procesiones adornadas con flores de todas clases y colores que llevaban para obsequiarlas a María. La espiritualidad era evidentemente viva. Y con aquellos rosarios "repasaban los misterios del Hijo con los ojos de la Madre". (Autor desconocido)

Las raíces espirituales en su vida interior ya comenzaban a germinar. Allí estaba su apostolado, pero Satanás no se dejaba esperar, estaba listo para insistir y tratar de descarriarlo.

Un día salió cansado del trabajo. Era un viernes del mes de mayo y tenía que ir al barrio Veguitas a rezar un rosario. Antes fue al río para darse un baño. No queriendo echarse al agua con los escapularios de la Virgen del Carmen, impuestos por un sacerdote Carmelita, y por ser éstos frágiles, se los quitó colocándolos sobre una roca. Luego que se bañó, regresó a su hogar donde comió y se arregló para salir al barrio. Esperó por algunos de los miembros del grupo, y al no presentarse nadie se marchó solo llevando consigo la imagen de Fátima. Había unas cuarenta a cincuenta personas para salir en procesión de la casa de don Vicente de Jesús hasta la casa de don Juan Arroyo.

El ritual para seguir era el siguiente: primero se decía el Ángelus, cantaban una canción de despedida en honor a la Virgen, procediendo con la procesión de ese hogar al otro. Mientras se encaminaban al siguiente hogar, iban cantando la siguiente canción:

Adiós Madre del cielo,
Madre del salvador.
Dulce prenda adorada
de mi sincero amor.
A dejarte María
no acierta el corazón.
Te lo entrego Señora,
danos tu bendición.

La casa a la que se dirigían esa noche era humilde. Después de haber dicho el Ángelus, al entrar a la casa cantaban:

Entra en esta casa
con tus oradores.

Pasa, Virgen pasa,
es reina de amores.
Dichas y dolores a divinizar
sea bienvenida
a este humilde hogar.

Los allí presentes reflejaban mucho entusiasmo y devoción por María Santísima. Ya reunidos adentro, se cantaron otros himnos, se rezó el rosario y se dio la instrucción religiosa. Al finalizar la charla, se cantó un himno como despedida a la Virgen. Esto abarcaba un período de tiempo de dos horas; de siete a nueve de la noche.

Mi padre nunca tuvo temor a la oscuridad, ni a nada. Solía decir que nunca deberíamos tener temor a nada porque el miedo era amigo del pecado. Esa noche sintió cómo el silencio de ésta aumentaba, apoderándose de él un temor increíble. A decir verdad, no encontraba cómo levantarse de allí y caminar en la oscuridad hasta llegar a su hogar. Sin embargo, amparándose en su Madre, le preguntó: "Virgen Santísima, ¿qué debo hacer"? Y enseguida sintió como si le dijera: "Despídete, toma el rosario y comienza a rezar". "No lo pensé dos veces".

Encomendándose a María Santísima, inmediatamente se levantó, se despidió y tomó el rosario entre sus manos. En aquella casa había un perro negro, el cual también se había levantado. Al dar el primer paso, observó que el perro también seguía con él. Mientras rezaba y continuaba su camino, de vez en cuando le alumbraba con una linterna, observando que sus ojos eran rojos. Con la oración vocal del Santo Rosario el temor había desaparecido, pero un momento terrible se aproximaba. Al llegar al camino principal, que lograba ver su casa, se detuvo y alumbrando al perro le ordenó que regresara a la suya. Éste se ñangotó y se quedó muy quieto. Mi padre dio la espalda y continuó su camino, cuando de repente... ¡Ave María purísima!, terrible animal pasó volando sobre su cabeza. Sintió que lo había llevado en sus alas. Tuvo valor de mirar atrás y ver si veía el perro, pero no estaba. "Lo que fue me lo imagino, ahora que tengo conocimiento de mi vida apostólica". Y es que, así como señaló el beato Alano de Rupe, "el rosario es una espada llameante, y una armadura impenetrable que nos pondrán a cubierto de los más temibles asaltos del mundo, del demonio y de la carne, y nos harán vencedores de todos los enemigos".

En la madrugada siguiente, cuando despertó, se percató de que había estado soñando. Y conste que no creía en sueños. Soñó que había muerto y al estar en la presencia de Dios se hizo su juicio, y por sus pecados fue condenado al infierno. Él, al ver los pozos infernales, miró al lado y vio que estaba la Virgen vestida de blanco y azul, detalles que señaló jamás olvidaría en su vida. Al Ella estar mirándole, él le dijo: "¡Virgen María, sálvame!" ¡No me dejes condenar! "¡Sálvame!" Ella le contestó: "Mi Hijo ha hablado y te ha sentenciado, pero toma los escapularios, agarra uno de sus bordes y dame el otro a mí. Si al echarte a los abismos no se revientan, yo te salvaré". Él, mirando los escapularios le faltó fe y le dijo: "Madre, no ves que son finos y se partirán". Ella le contestó: "Hijo, pero si tienes fe no se partirán". Luego, mirándola atentamente, iba halando uno de los extremos del mismo, hasta que ver que se iba acercando más a Ella, llegando así a sus pies. En ese momento le dijo: "Hijo te he salvado, gracias a esos escapularios que llevas en tu vida". En ese momento, despertó buscándolos en su pecho y vio que no los tenía. Fue entonces cuando recordó que se le habían quedado en el río la tarde del viernes en que había ido a bañarse. Inmediatamente se levantó encaminándose al lugar donde los había olvidado. Los encontró sumamente fríos con el sereno de la noche y no se desprendió de ellos jamás.

Después de un año de casados, el árbol formado por mis padres dio el primer fruto: Juan. Para entonces, en la iglesia había seis Congregaciones activas, siendo él miembro de los Socios del Santo Nombre. Dada la escasez de los sacerdotes y al mucho trabajo, se habían establecido normas. Entre éstas, cada domingo, de todas las Congregaciones organizadas que eran los Socios del Santo Nombre, las Hijas de María, las Cofradías del Carmen, el Sagrado Corazón de Jesús, San José y los del Santísimo Sacramento, sólo una de ellas podría confesar. Un domingo les correspondía a las Hijas de María y sintió la necesidad de confesarse. Sostuvo: "Aquel amigo que había dejado a mis espaldas, Satanás, comenzaba de nuevo la batalla conmigo y yo no me daba cuenta". Faltaba apenas media hora para comenzar la santa misa. La fila para las confesiones era larga. Así que encontrándose en el confesionario, el sacerdote reconociéndole la voz, le dijo: "Juan, tú eres el primer desordenado que no obedece mis órdenes". El sacerdote salió del confesionario, le agarró del brazo y delante de la gente allí presente lo sacó de la iglesia. Mi padre respiró profundo, calmó sus nervios y volvió a entrar confiado en que Dios, a través de su espíritu divino, le infundía las fuerzas necesarias para que luchara con su temor y fortaleciera su debilidad humana. En esta ocasión hizo turno por el lado izquierdo. Cuando entró al confesionario dijo: "Ave María purísima". Y por segunda vez el sacerdote le dijo: "Juan, ¿vuelves de nuevo?". Él le contestó: "Sí, padre. Soy hijo de María" "¿Te burlas?", le interrogó. "No, padre, mamá se llama María", le señaló irónicamente.

Luego de confesarse, señaló que salió como "pajita que lleva el viento", avergonzado por la gente que lo miraba. Hizo su penitencia y luego salió de la iglesia, donde recostó su cuerpo de la verja de la parroquia quedando frente a frente donde el padre confesaba. Él miraba la iglesia y el sacerdote le miraba a él. En ese momento, el sacerdote se levantó dirigiéndose donde se encontraba. "Dios mío, ¿a qué vendrá ahora?", pensaba. Ya estando frente a él, le dijo: "Juan, perdóname". "Usted no me ha hecho nada", le respondió. "Juan perdóname, pero que se oiga una y otra vez", volvió a insistirle. "Padre, perdonado está", le dijo Juan. "Gracias, Juan, tú eres mejor que yo". Padre Pablo fue luego su confesor y gran amigo.

—Yo dije sí a mi Dios para no volver atrás, y soy católico de la Iglesia de Cristo y de María Santísima, no de sacerdotes, aun sabiendo que son los Cristos en la tierra. Muchos dejan su fe abandonando la única verdadera Iglesia por tonterías que les suceden con los sacerdotes, pues su fe está sobre arena y ligeras lluvias les azotan" (Amén).–

Él no desmayó en su fe y continuó adelante. Sabía que incidentes como los anteriormente descritos sucederían como pruebas, por lo cual nunca perdió la voluntad de seguir luchando hasta lograr una conversión auténtica. Nació, a su vez, un interés por la lectura de la Biblia y la vida de los Santos. En las noches era costumbre que después del rezo del Santo Rosario, acostumbraba el reunir a todos los hijos, pequeños aún, y les narraba sus vidas. Recuerdo que nosotros nos quedábamos extasiados con aquellas historias que giraban alrededor de San Agustín, su santo de devoción, San Francisco de Asís, Santa María Goretti, Santa Cecilia, San Francisco Javier, entre otros. Y los arcángeles San Miguel, San Gabriel y San Rafael. Ahora realizamos que, por medio de la vida de estos santos, nuestro padre nos iba inculcando los valores y principios que debían morar en el alma de todo ser humano. ¡Cuánta sabiduría sembrada!

Cuando salía de trabajar todos los días, tenía por costumbre ir a la casa de su mamá a tomar café. Uno de esos días, a eso de las cuatro de la tarde, sintió que San Agustín le estaba esperando. Esta vez no en el libro, sino a través de los labios de su madre. Allí estaba San Agustín para encenderle el corazón con sus palabras, de quien aprendió a madurar gracias a la sabiduría encontrada en la juventud eterna impregnada en su corazón. Y todo fue basado en una frase, mientras ella le relataba la historia de una predicación a un vecino llamado Lorenzo Villanueva. Esta predicación la había escuchado de los labios del hermano Eusebio Quiles. Relataba ella que el hermano Eusebio no era muy alto, era grueso y calvito. Su esposa (la hermana Juana) era creyente de la obra Chea. Ese día había misión por la hermana Micaela Reyes, que era natural del barrio Puerto Plata de Jayuya y la hermana Eudocia. Su esposa le hizo la invitación para que le acompañara a la misión, a lo que él le contestó: "Vete tú, que tengo que desyerbar".

Mientras mi abuela se perdía en su relato, mi padre se detuvo recostándose sobre una de las paredes de la casa. Nadie se había dado cuenta de su presencia. Allí meditaba el mensaje que le iba contando al señor Villanueva. Él, al escuchar el relato de su mamá sobre el hermano Eusebio, se había olvidado de la taza de café que había deseado tomar.

Su mamá continuaba relatando:

—Su esposa se preparó y se fue a la misión. El, en cambio, se fue a las yautías. Eran como las tres de la tarde. Cuando se agachó para arrancar yerbas, sintió que le cayeron unas lloviznas en la cabeza. Miró alrededor observando que la tarde estaba clara. No estaba lloviendo. Se sintió como aturdido por lo que se fue a la casa y se recostó en una hamaca que tenía. Estuvo sintiéndose, así como por cinco minutos. De momento se levantó, se bañó, se preparó encaminándose al lugar de la misión. Al llegar no había nadie, solo la familia de la casa. El hogar tenía balcón; subió y se dirigió a una esquina y se hincó sin hablar palabra alguna. Comenzó a llegar gente. Las hermanas, Micaela y Eudocia, guardaban silencio. Cuando llegó el momento se cantó, se rezó y al terminar el Rosario, el hermano Eusebio se persignó y dijo: "En el nombre del Padre, del Hijo y del Espíritu Santo. La paz de Dios sea en esta casa y todos los que están en ella. Bendito y alabado sea el Santísimo Sacramento del Altar y la Virgen purísima sin la mancha del pecado original". Comenzó la predicación diciendo: "¡Ay de mí y de mis padres! Hermanos, si pecamos hagamos penitencia de nuestros pecados y alcanzaremos el cielo. ¡Ay de los pecados del hombre! La paz brota de un corazón unido a Jesús, decía San Agustín. Mejor es conocer a Dios con poca inteligencia, que mucha inteligencia sin conocimiento de Dios", decía este gran Santo.–

Ellos continuaban hablando, mientras él se retiraba del lugar con lágrimas en sus ojos. Aquellas palabras pronunciadas por su madre permanecían claras cual rayo de luz inmaculado. Estas habían predicado toda una verdad. No pudiendo llegar a su hogar, se sentó sobre una roca a orillas del río y allí comenzó a llorar.

Desconocemos el motivo de su dolor interno, pero quizás el Espíritu Santo comenzaba a infundirle con su divina gracia el don del temor de Dios. Quizás fue esta la primera angustia vivida a consecuencia de sus pecados pasados, o tal vez el primer encuentro con Dios en su interior. Desconocemos qué diálogo sostuvo en aquellos momentos consigo mismo, en aquel silencio y sufrimiento, en aquel dolor angustiante. ¿En qué exactamente estarían ofuscados sus pensamientos? Quizás, aún sin saberlo, sin tener la mínima sospecha aquellas lágrimas eran símbolo de nostalgia en busca de algo que no podía comprender en aquellos momentos. ¿Qué sentía?, ¿qué buscaba?, ¿acaso luz?, ¿realización? No lo sabemos. Creo que por primera vez había dado con un encuentro íntimo que nacía del interior de su espíritu. Primero, Dios lo lleva a la soledad donde él mismo no podía descifrar aquellos sus sentimientos, pero donde Él comenzaba a saciarlo en lo que lo llevaría en su búsqueda. Dios continuaría guiándolo y moldeándolo con la dulzura del fuego de su Espíritu.

El imaginarle sentado a orillas del río y en un sollozo profundo, me hizo pensar en su silencio interior.

Allí estaba Dios, quien había entrado despacio y en silencio hasta hacerse sentir en él. Y encontrando a Dios en su silencio, dejó que sus pensamientos fluyeran como las aguas de un río. ¡Es hermoso imaginar aquel encuentro! Creo que allí comenzaba su cauce recto. En aquel gran sufrimiento se encontraba el silencio, mensaje de Jesús que le hablaba. Allí, Dios tocaba en la puerta más íntima de su casa; comenzaba a mostrarle el camino, a marcar su ruta, la que había sido trazada por Él desde siempre. Y en ese caminar sellaría aquella su voluntad hasta la muerte.

Imaginémonos a Jesús lleno de inmenso amor, cuya mirada profundizaba en su corazón y que este fue el mensaje transmitido por él a través de su silencio.

—Hoy he salido en tu busca. ¿No crees suficiente el tiempo que has perdido? Mira mis manos, mis pies, mi costado. Mírame en la cruz. Me he entregado a la muerte por ti, te he redimido. Y tú vas a la deriva como las olas que vienen y van. Ya es hora de que tu otoño reseco se convierta en primavera. ¡Vuélvete a mí, perdonaré tus pecados y te daré el Espíritu Santo! Y en un tono más profundo y más cerca de su corazón, continuaba diciéndole: "Tu vida es un río que camina por un cauce demasiado estrecho. ¡Profundiza! Intérnate allí donde surge, donde nace ese pequeño arroyuelo. Verás el Espíritu que mora en ti. Entra en comunión conmigo. ¡No, no te entristezcas! Más bien alégrate por el día que habrá de amanecer. ¡Mira, examina tu rostro, tus oídos, tus ojos, tu voz, tus brazos, tus pies! ¡Te necesito! ¡Quiero que despiertes! Tú has de ocupar un lugar en este pequeño suelo y así llenarás mi corazón de alegría". "Todo el que me ama, guardará mi palabra, y mi Padre lo amará y vendremos a Él y moraremos en Él". (Jn14, 23)–

Y de haber sido este el mensaje transmitido por Jesús jamás dudaría de que él, al ver en su adentro, pudo valorizar su costado abierto. Ya era hora de desprenderse de cosas superficiales: fuerzas mundanas, bailes, fiestas... Ya era hora de desprenderse de todo y profundizar en el silencio de Jesús, entrando en comunión con Él, quien dice: "Miren los lirios del campo. Miren las aves del cielo. Este Dios que viste los campos y cuida de los pájaros del cielo, jamás olvidará a sus hijos predilectos que valen mucho más que los pájaros y la hierba del campo. Busquen primero el reino de Dios y su justicia y lo demás se les dará por añadidura". (Lc 12, 27-31)

Podría señalar que en su llanto se reflejaba la esperanza de un futuro amanecer. Comenzaba a abandonar el ocaso de una tarde y a encontrar el crepúsculo de un nuevo día; quizás su vocación de seguir a Cristo. En aquel encuentro, Dios se dio a sí mismo como amigo en su revelación. Estuvo presente, transformándolo para hacerle partícipe de su gran rebaño, de su viña.

Al cabo de unas horas se levantó y secó sus lágrimas, llegando a su hogar, pero pensativo. En aquel instante deseaba ardientemente poder ver a aquellos hermanos Cheos. Estoy segura que, tanto la frase de San Agustín como el mensaje de las palabras predicadas por el hermano Eusebio, relatadas por su mamá, habían sembrado mucho en su interior. La llamada de Dios para la misión seglar se acercaba lentamente y en silencio. Él recién comenzaba a seguir las huellas de Jesús, pero desconocía cuán profunda e inclinada estaba su presencia en Él, por su gran inmensidad. Y más aún, "desconocía de aquella su promesa, promesa para nosotros y para nuestros hijos y también para todos los que estaban lejos; es decir, para todos aquellos a quienes el Señor nuestro Dios quiere llamar". (Hch 2,39) Aquella no era sino la promesa del Espíritu Santo.

Después de uno o dos meses, tuvo que viajar a San Juan a cumplir diligencias con uno de sus hermanos (Vicente). El viaje a San Juan fue de cuatro horas. Ya para las diez de la mañana, habiendo resuelto el problema, decidieron visitar a un tío llamado Lázaro, hasta esperar a las once y media de la mañana, hora en que debían salir nuevamente para tomar el carro de regreso a Jayuya. Su mamá les había enseñado siempre el que rezaran el Ángelus a las doce del mediodía. Al llegar a la Parada 18 de Santurce, le hizo una señal a su hermano de que eran las doce, quien se encontraba al otro lado de la calle. En el mismo instante en que fue a cruzar la calle, hubo cambio de luz roja a verde. Él iba finalizando el Ángelus y estaba en la jaculatoria: "Oh María sin pecado concebida, rogad por nosotros que recurrimos a vos". En ese momento subía su pie izquierdo a la cera, llevando todo el peso de su cuerpo en la pierna derecha. En ese instante fue impactado por un carro que les tiró a unos cuatro o cinco pies al aire. Fue a dar con la cabeza sobre la calle. Para su mala suerte, este accidente le imposibilitó viajar a su casa hasta unos cuantos días después. Comentaba que le suplicó a la Santísima Virgen que no lo dejara morir lejos de su familia, y mucho menos en pecado mortal.

—Estoy seguro de esto que voy a decir: La Virgen cambió mi cuerpo y caí de pecho. Oía como la gente gritaba: "lo mató, lo mató". No podía levantarme y el vehículo no podía detenerse. Yo invocaba a la Virgen, pues sentía que era el final.–

Siempre afirmó que no fue sino María Santísima quien le salvara la vida. Estuvo hospitalizado por varios días. A su regreso a la casa, y para sorpresa suya, encontró un enorme gentío en el barrio. Los jibaritos se habían dispuesto a cruzar ríos, cañaverales y arroyos para escuchar las profecías, pues las predicaciones para entonces eran caracterizadas por profecías de sucesos que ocurrirían en un futuro no lejano. Ese día en que llegaba, también habían llegado los Hermanos Cheos. Mi padre aún tenía vendada su cabeza. Justo iniciaban el Ave María para dar comienzo a la misión. Predicaba el hermano Marcelino Velázquez. Estaban, además, los hermanos Federico Rodríguez, Pedro Laboy y Carlos Torres. En esa predicación, aquel hermano lleno del Espíritu Santo profetizó lo siguiente:

—Hermano, para ti la hora había llegado, pero la Santísima Virgen intercedió ante su Hijo por ti, porque te necesita. En ese mismo instante cayó de rodillas. Sólo él sabía lo que le había pedido a la Virgen Santísima durante el accidente, al verse herido y tendido en la calle. ¡Oh, gloriosa Virgen Santa! ¡A ti aclamó llorando su súplica y le escuchaste! ¡Bendita seas!–

Para él se acercaban más aquellos momentos maravillosos. En aquel instante no lo podía comprender. Lo que tanto había deseado escuchar había llegado. Fue así como comenzó a ser un constante seguidor de los Hermanos Cheos, y a crecer en él una infinita devoción por María Santísima.

Las misiones se habían extendido por los barrios Coabey, Gripiñas y Río Grande. Para llegar a estos lugares había que caminar kilómetros. Quizás una hora y media. Luego de los cinco días de misiones en el barrio Gripiñas, los hermanos se encaminaron al barrio Río Grande. Y allí hizo acto de presencia junto a un grupo de Gripiñas, barrio donde residía para entonces.

—A consecuencia de mi accidente y porque no me sentía bien de salud, usaba una sombrilla. Aquella noche estaba lloviendo mucho. Para esos tiempos fumaba y mamá decía que, en ocasiones, los hermanos hacían milagros; por lo que yo ponía en dudas sus palabras. En la misión de esa noche había alrededor de noventa personas. La verdad fue que me salí del grupo llegando a una curva donde sé que no podían verme. Me ñangoté, me tapé con la sombrilla de frente y sin dejar de escuchar lo que se predicaba, saqué un cigarrillo, encendí un fósforo y tremendo susto que recibí. El hermano Federico Rodríguez había finalizado la predicación y daba comienzo el hermano Pedro Laboy, presidente de la Congregación, para entonces y quien fuera nombrado el 27 de diciembre del 1939. Había exhalado tres veces el humo del cigarrillo, cuando escuché que se me dijo: "Oye, crees que no te veo. Te estás tapando con la sombrilla para que no te vea. Has exhalado tres veces el cigarrillo. ¡Si supieras quién te sacó del cuadro! ¿Te sorprendes? ¡Te sacó Satanás!".–

Tal fue su asombro en ese momento que el cigarrillo cayó de sus manos, mientras se decía a sí mismo: "Esta gente está llena de Dios", confirmándose lo que le decía su mamá. ¡Cuán llenos del Espíritu

Santo estaban estos hermanos!, pensaba. Se levantó inmediatamente, integrándose al cuadro para seguirle con pie firme, aumentando su fe y su esperanza en Dios.

Después de varias semanas, la comunidad quedó llena de silencio con la partida de los Hermanos Cheos, quienes prometieron regresar luego de dos meses; mientras él continuaba desempeñándose con entusiasmo como catequista en el barrio. Y como catequista, comenzaba a detectar un gozo de la presencia de Dios en su interior. Y esto lo sentía a través de los niños, a través de los labios del sacerdote que respondían a la palabra de Dios, en la gente y en la naturaleza a su alrededor. Todo le llevaba a una realidad mayor: su autoconsciencia y la verdadera realidad de la presencia de Dios en su vida.

Como había sido prometido, luego de dos meses, los Hermanos Cheos regresaron a nuestra comunidad, ya que el párroco les había dado puerta libre en la parroquia. En esta ocasión llegaron los hermanos Federico Rodríguez, Carlos Torres y Marcelino Velázquez. El hermano Pedro Laboy, por motivos de enfermedad no había podido venir. Para entonces habían ingresados como candidatos los hermanos Herminio González y Vicente Figueroa (su hermano).

Para el año 1933 el número de los Hermanos Cheos había disminuido y el despertar de nuevas vocaciones había declinado; eran mínimas. Siendo el hermano Carlos Torres presidente interino, quien por motivos de enfermedad fue nombrado por el mismo hermano Laboy, se propuso reclutar y preparar candidatos. Es de observar que, según expresado por el mismo hermano Laboy, fue este hermano el verdadero "reformador de los Hermanos Cheos". En sus giras apostólicas observaba quiénes tenían madera de Cheos, invitándolos luego a la Congregación.

Una tarde, a eso de las seis, encontrándose en Jayuya y luego de haberse celebrado la misión en casa del hermano Carmelo Oquendo, el hermano Carlos Torres le dijo a mi padre: "Hermano, venga conmigo". Fueron a una roca muy alta y allí comenzaron a dialogar. El hermano Carlos proseguía: "Hermano Juan, oiga esto que le voy a decir, grábelo en su memoria y no lo olvide. Dios a usted lo está llamando hace tiempo a la misión. Hoy, de una manera especial lo ha llamado. Tendrá mucho éxito por su manera de ser y logrará llevar muchas almas al cielo, pero Satanás lo perseguirá hasta la tumba". Él se ofuscó en el silencio. Debemos hacer la observación que, según señalaba el padre Gabriele Amorth, sacerdote italiano, presbítero católico, escritor, teólogo y exorcista en la diócesis de Roma, Satanás combate contra los seguidores de Cristo; la lucha contra los espíritus malignos continúa y durará, como dice el Señor, hasta el último día. Esto fue jueves y al día siguiente, viernes, la misión fue en su hogar.

Dios comenzaba a llamarle, pues ya sentía su deseo interior de ingresar a la Congregación. Le estaba llamando para que comunicara su palabra divina, y él interiormente le respondía: "Envíame. ¡Sí!, Sí, mi Dios", pero lo guardaba en silencio. Sin duda alguna, aquel deseo no era sino nacido y sentido por la gracia que viene del Espíritu Santo, constituyéndose así su plenitud espiritual.

Meses más tarde ya pensaba solicitar para ingresar como candidato a la Congregación, cuando aquellas, las palabras del hermano Carlos no se dejaban esperar: "Satanás lo perseguirá hasta la tumba".

Al día siguiente de haberse celebrado misión en su casa, y para su sorpresa, fue una señora a eso de las seis de la mañana llorando, suplicándole que le ayudara, ya que se encontraba en pecado mortal. Luego de que él hablara con el sacerdote, la llevó para que se confesara. Al salir del confesionario, se podía observar en su semblante una tristeza profunda e infinita. Días después perdió el sentido. Algunos domingos se trató de que asistiera a misa, siendo los intentos infructuosos. En el momento de la consagración, que el sacerdote levantaba en alto el cuerpo de Cristo, ella se sacaba un grito de terror y salía corriendo. Hubo que cuidar de sus tres hijos. Su esposo había emigrado a Estados Unidos. Por lo general, ella pasaba los días en casa de nuestra abuela. Cuando llovía, que crecía el río, sin saber cómo, amanecía en su casa que quedaba al otro lado de éste.

Un día en que mi padre llegaba del pueblo, entró a casa de su mamá y le saludó. Ella le miró y con una sonrisa sarcástica le dijo: "¿Sabes tú con quién hablas?" "Con Carmen", contestó él. (Por confidencialidad nos reservamos el nombre verdadero de la persona). Ya había observado que su físico y sus ojos no eran naturales. La voz replicó: "No es con Carmen. Estás hablando con Satanás". "¿Y qué prueba me das?", preguntó. "Te cojo a Carmen y la hago volar sobre ese cerro. Porque tú no puedes echarme de ella. No tienes poder. Quien puede es el hermano Carlos Torres y no está aquí. Donde se encuentra no puede salir y tú no tienes dinero para ir hasta allá". "Está bien no le hagas daño", replicó.

El hermano Carlos se encontraba en un retiro espiritual en el barrio Rucio de Peñuelas. Ese mismo día, mi madre se enteró de lo ocurrido. Para entonces el costo del pasaje de Jayuya a Peñuelas era de dos dólares con cincuenta centavos. Mis padres, preocupados, hicieron arreglos para conseguir el dinero y luego poder emprender viaje al lugar donde estaba el hermano Carlos.

Efectivamente, el hermano no pudo viajar ese día, ya que no podía dejar a los otros hermanos solos, pero se planificó misión para el miércoles de la semana siguiente. Se acordó que dejaría al hermano Vicente encargado de los hermanos, indicándole que procurara que no se diera cuenta porque se iría y no se lograría nada.

A su regreso a Jayuya, a eso de las cuatro de la tarde, y para su sorpresa, vio que la señora le estaba esperando en el mismo sitio en que se encontraba la última vez. Tenía sus brazos cruzados y mirándolo con sus ojos llenos de ira, la voz replicó: "Traidor, me traicionaste, si tuviera poder te estrangularía, pero no pudo venir". Mi padre sintió momentos de temor, pensó que estaba dialogando con Satanás, de eso estaba seguro, pero le contestó: "Dios tiene más poder que tú, y tú llevas las de perder". Una fuerza en su interior le indicó que no entrara a la casa de su mamá y siguiera a la suya. Así que pidió la bendición a sus padres, continuando su camino.

Su mamá le había indicado a mi padre sobre la desaparición de Carmen, sin ellos haberse dado cuenta. Este incidente fue un día en que había llovido muy fuerte. El río había crecido y, sin saber cómo, la encontraron al otro lado del mismo. Al día siguiente, sus padres la entretuvieron junto a sus tres hijos, hasta el momento de dar comienzo a la misión.

Esa misma semana se hicieron los preparativos para la misión del miércoles próximo. A eso de las tres de la tarde, el hermano Carlos Torres había llegado acompañado de los hermanos Herminio y Ramón Velázquez. Ella se encontraba sentada en un banco de madera y al llegar el hermano Carlos replicó: ¡Ave María purísima! "Sin pecado concebida", respondieron los allí presentes. Inmediatamente ella echó un mugido parecido al de una res, dio un salto y cayó en el cuarto introduciéndose entre el esprín y el catre de la cama. Mientras, miraba a los hermanos que estaban en la sala. Sus mugidos eran constantes. Estuvo así hasta las seis de la tarde, que comenzaba a llegar gente para la misión.

—Entre estas personas se encontraba mi hermano Monserrate, que no creía en los Cheos. Él decía: "Cualquiera se aprende un poco de Biblia y predica". Llegada la hora, comenzaron los cánticos, se rezó el santo rosario y la señora continuaba rugiendo como león en el cuarto; era terrible. Una vez finalizado el rosario, el hermano Herminio inició la predicación, por cierto, basada en el apóstol San Pablo, ya que era su santo de devoción escogido. Luego prosiguió el hermano Carlos Torres, quien echando la bendición y saludando al Santísimo Sacramento con aquella su voz firme y muy templada, y tras hacer una pausa, dijo: "Espíritu inmundo, te ordeno que salgas de esa alma y ese cuerpo que no son tuyos y des lugar al Espíritu Santo que es su morada. Te lo ordeno en el nombre del Padre, del Hijo y del Espíritu Santo".

Inmediatamente, todos los allí presentes comenzaron a rezar el Credo. La mujer que estaba en aquellas condiciones dio un salto, cayendo hincada junto a los demás predicadores que estábamos hincados. Su hermano Monserrate, que estaba fuera de la casa, también cayó hincado. Según él, algo terrible había pasado por su lado. El hermano Carlos continúo con la predicación.

Al finalizar cada predicación, en señal de ganar indulgencias, se acostumbraba a dar a besar el crucifijo o besar la mano del predicador en señal de respeto. La primera persona en besar el crucifijo fue ella. Pidió la bendición y preguntó por sus hijos, que eran pequeños, y por su esposo. Luego, al ver la imagen de Fátima, que estaba allí y que cada vez que la veía se asustaba, recordó la penitencia que le había dado el padre José cuando había ido a confesarse. Así fueron sus palabras: "¡Ay, Virgen!, si el padre José me mandó a rezar cinco rosarios y no los he rezado". Y al ver la imagen de María Santísima, sorprendida dijo: "Mira la Virgencita de Fátima que hace tiempo no la veía".–

"Estaba sana, como si hubiese estado muerta y hubiese resucitado", señalaba mi padre.

—Ella no recordó nada de lo sucedido, por lo que según el padre Amorth, "en estos casos se trataba de una posesión diabólica". Así comenzaba a vivir una nueva vida con su familia, confesando y comulgando como lo hacía antes.–

Este fue uno de los primeros testimonios vividos por mi padre, como parte de su vida y preparación para el futuro, sin dejar de ofuscarse en las palabras del hermano Carlos: "Llegará a la misión, pero no olvide, Satanás lo perseguirá hasta la tumba".

Otra de sus vivencias en su vida fue la siguiente:

—Este incidente sucedió antes de ser Hermano Cheo. Recuerdo que un domingo después de haber salido de misa, me dirigía a mi casa acompañado de don Carmelo Oquendo, un vecino. Entramos en la tienda del señor Joaquín Morales para comprar pan. Había allí un señor que nos conocía muy bien. Tomaba licor, y mirándonos le dijo al dueño de la tienda: "Deme diez centavos de ron que voy a comulgar el cuerpo y la sangre de Cristo", regresando su mirada hacia nosotros. Tomó el vasito en sus manos y levantándolo en alto, nos miró nuevamente. No niego que lo miré con deseos de pegarle, pero lo dejé en manos de Dios. Al tomarlo, volvió a repetir: "el cuerpo y la sangre de Cristo", cayendo hacia atrás muerto al instante. Que juzgue Dios, pero el pecado es pecado y en aquel instante.

Fue un sacrilegio. Él sabía lo que decía.

Este incidente me llevó a meditar un pasaje en la vida de San Antonio de Padua, estando, predicando un día en la plaza pública.

Su padre había sido calumniado de haber matado a alguien, y cuando llevaban el cuerpo para darle sepultura, San Antonio, quedando en éxtasis, se apareció en el cementerio ordenando al cuerpo del difunto que se levantara. Fue entonces cuando le preguntó: "Dime... ¿mi padre te mató?" "No fue tu padre". Los presentes dijeron: "Dile que nos diga quién fue quién lo mató". San Antonio les contestó: "Vengo a hablar, no a condenar. Yo no estoy para condenar a nadie".–

Comenzó así para él la etapa de la llamada más importante como hermano Cheo.

Estando su esposa criando a su tercera hija, Milagros, solicitó por escrito al presidente interino, Carlos Torres, quien ya había sido nombrado presidente en propiedad el 21 de octubre del 1951, y al director espiritual, Monseñor Víctor M. Nazario, el pertenecer como candidato a la Congregación Chea. Luego de que fuese orientado por el hermano Carlos, se le citó. El mismo día fue entrevistado por Monseñor, con quien estuvo conversando por media hora. Finalmente le preguntó: "¿A qué vienes tú aquí?" Luego de solicitar un minuto para pensar, contestó: "Yo vengo a traer". "Sí, porque si vienes a buscar, aquí no hay nada", le contestó Monseñor.

Ese mismo día fue aceptado como candidato (abril de 1950). Pero Monseñor le ordenó que fuese donde sus padres, suegros y esposa a pedir su consentimiento. Si alguno se opusiera, debería seguir rezando, ya que no sería admitido.

La ansiedad y alegría reflejada en su rostro era indescriptible. Ese mismo día fue a casa de sus suegros. Una vez explicado el propósito de la visita, su suegra contestó: "Hijo mío, ¡cuánto mejor verte en la Congregación de los Cheos! Dios no le falta a nadie con el pan". "¡Cuánta fuente de amor!", pensó al escuchar su respuesta. Sin embargo, la actitud de su suegro fue de abstenerse, debido a la pobreza tan marcada que existía. "Yo no tengo que ver nada con eso, pues no voy a mantener hijos a nadie", le contestó.

—Estas palabras, así como me dolieron, me sorprendieron, pues conocía quiénes eran los Cheos y los quería muchísimo.–

Sus padres lo aprobaron sin reservas de ninguna clase. ¡Cuánta alegría para ellos! Su mamá, radiante de felicidad, expresó: "¡Cuántas noches dormí al sereno, frente al trono de San Juan Evangelista contigo en mi vientre!"

—Tenía tres a mi favor y uno que se abstenía", pensaba.–

Pero le faltaba el consentimiento más importante, el de su esposa. Debido a la necesidad económica que imperaba en aquellos momentos, ella se negó rotundamente. Mi padre guardó silencio ofuscándose en las palabras de San Agustín: "Señor que mi corazón no descanse en paz hasta no descansar en ti".

Su esperanza estaba allí, no moría. Él muy bien sabía que estaba guiada por el Espíritu Santo y al amparo de la Santísima Virgen María. Desde entonces siguió rezando por los campos como de costumbre y desempeñándose como catequista acompañado de su Virgencita de Fátima.

El 2 de octubre del 1950 se celebraría una misión por el padre Saturnino Junquera, jesuita de la Orden de San Ignacio de Loyola. Esta misión respondía a la promulgación pontificia del Año Santo, declarado para entonces por quien fuera Su Santidad Pio XII. Las misiones se habían organizado en toda la isla, dividida entonces en la Diócesis de San Juan y Ponce. El párroco le había solicitado que hiciera la propaganda por los campos junto al hermano Federico Rodríguez. Recuerda que el jueves de la misma semana se encontraban repartiendo hojas sueltas por los hogares. Llegaron a un hogar siendo las dos de la tarde. Luego de invitar a la señora a la misión, el hermano Federico le preguntó: "Señora, ¿tiene café que nos regale una taza, pues tenemos hambre?" "Tengo harina, pero no azúcar", le contestó. "No se preocupe, lo tomaremos amargo". Ella le señaló: "Un momento", dirigiéndose al centro de la casa. Luego de unos segundos, regresó indicándoles: "Tampoco tengo harina". Les dieron las gracias, continuando el camino.

—No sé, quizás esté equivocado, pero según pudimos apreciar, la familia era espiritista, pues en esa zona abundaban bastante. Más adelante llegamos a un sector donde había chinas maduras. El hermano Federico me dijo: "Hermano Juan, podemos coger del piso, si es que hay, pero no del árbol". Las que había en el piso estaban dañadas. Yo miré al cielo y mentalmente le dije a mi Dios: "¡Ay, Señor, ¡tengo hambre!" Así se encaminaron a nuestro hogar donde comieron y dieron por terminada la propaganda.–

Fue una semana fuerte para ambos. Sin embargo, para él fue una semana de escuela. Por medio del hermano Federico comprendió que la misión Chea no era fácil, si no había vocación. Durante estas misiones, según reportado por el Reverendo Esteban Santaella, director de la Congregación en el 1972, surgieron frutos para nuevas vocaciones y entre estas nació la de mi padre.

—A la siguiente semana comenzó la misión en la plaza pública. Fue todo un éxito. Aquí conocí bien al padre Junquera y como recuerdo me regaló un cuadro del Sagrado Corazón y uno del Crucificado. Los dos cuadros los tenía en el altar que tenía en mi casa, junto al de San Agustín.–

Terminada la misión, quedaba la semilla de la palabra y el silencio. Él seguía en oración esperando anhelante que el sí de tres personas: Jesús, María Santísima y San Agustín, se realizara en los labios de su esposa. Sabía que Dios se dejaría sentir para darle la respuesta, pues sabemos que Dios no tiene prisa, ni tiempo, "es lento a la ira y rico en misericordia". El milagro sucedió una noche en que estaban reunidos en oración, momento en que comenzaría a surgir el milagro de una esperanza próxima a despertar; el renacer de una fe inquebrantable que jamás moriría.

Ellos acostumbraban el rezo del Santo Rosario a las siete de la noche, pues es de saberse que "el rosario es de todas las oraciones, la más bella, la más rica en gracias y la que más complace a la Santísima Virgen". (SS Pio X) Así que llevando consigo a los nenes, los sentó frente al altar dando inicio al rosario, que siempre se rezó en familia. Se rezaban los misterios gloriosos. Finalizando las cinco decenas y glorificando a la Santísima Trinidad con un Padre Nuestro y tres Ave Marías, comenzaron las letanías a la Santísima Virgen. Cuando mi padre dijo: "Santa María", observó que ella estaba absorta mirando al altar. Al no contestar, le rozó su mejilla con el rosario y ella, medio asustada, despertó de aquel silencio que le embargaba, de lo que sólo ella estaba viviendo, contestando: "Ruega por nosotros".

Terminado el rosario, era costumbre de ambos permanecer de rodillas ante el altar y en silencio finalizar sus oraciones personales. De esta forma, en oración contemplativa el Espíritu actuaba en cada uno de ellos.

Un manantial de gracias estaba próximo a nacer. Y parece que la gracia actuó en diferentes formas, siendo percepciones diferentes que sellaban ésta con el silencio que ambos comulgaban. Ninguno de ellos imaginaría lo que sucedería. Mi madre había cerrado los ojos. Estaba ofuscada, completamente perdida en lo que sólo ella estaba viviendo. Y ante aquel recogimiento espiritual, podríamos decir que una voz hablaba a su interior por medio de lo que sólo ella veía, dándole seguridad, fe y esperanza. Aquel silencio en el que se ofuscaba era una sinfonía de eternidad, cuya melodía era entonada por el rostro de Dios crucificado. ¡Aquella estampa-silencio fue el pentecostés de un milagro!

Sólo aquella visión realizaría el milagro; sólo aquella visión grabada en la memoria de mi madre fue la que le impregnaría de muchas más esperanzas para que, junto a mi padre, emprendiera el camino que le esperaba.

Porque ésta, más fuerte que los rayos del sol, fue la luz que le estaba iluminado su vida interior.

En la casa se acostumbraba el café por las noches. Mi madre, sin pronunciar palabra, muy característico de su persona, fue a la cocina. Mi padre, en cambio, colocó un pequeño banco sobre una cerca que servía de balcón, pudiendo así mirar hacia la parte principal del frente de la casa. La noche estaba sumamente oscura, sin el más mínimo rayo de luna que alumbrase su manto oscuro. Tampoco había estrellas en el firmamento que iluminaran los árboles y las montañas. Sólo se podía sentir una brisa fresca que acompañaba aquella oscuridad observada por él. ¡Toda la muchedumbre dormía! No obstante, lo que iba a pasar parecía que iluminaría aquella oscuridad.

Frente al hogar nuestro, había un colegio público de diez pies de largo, el cual había sido construido por el gobierno. Él se encontraba mirando hacia éste, cuando de repente vio caminar un animal, el cual describió como un cordero blanco, la diferencia era que era grande y de patas largas y gruesas. Su caminar era lento. Muy exaltado y asombrado de lo que veía, llamó a mi madre para que lo viera, pero ella no vio sino la oscuridad.

La mano de Dios una vez más los volvía a unir, haciéndoles así partícipes de lo que habrían de vivir.

Luego de preparado el café, se reunieron para dialogar lo que había sucedido mientras rezaban las letanías a la Santísima Virgen. De inmediato, mi padre le señaló a mi madre: "Nos queda como oración el Santo Rosario a la Virgen. Olvidémonos de los Cheos y sigamos con el rosario". Fue entonces cuando ella le dijo con firmeza y seguridad: "No, vete con los Cheos". A lo cual él le dijo: "No, así no. Dime porqué razón no contestabas a las letanías". Fueron frente al altar. Mi madre le señaló a mi padre: "¿Ves la imagen de Jesús crucificado?" "Sí", contestó mi padre. Ella continuó explicándole: "Al tú decir 'Santa María', que miraba atenta a la cruz, vi cómo sus brazos se movían cayendo de sus manos panecillos pequeños, iguales a los que se reparten el día de San Antonio de Padua. No cesaban de caer. La grama que se ve en el cuadro no se veía, estaba toda cubierta de panecillos. Ya cuando estaba de rodillas que cerré mis ojos, y hacía mis oraciones personales, vi su imagen crucificada, pero era inmensa, serena y bella. Me hizo sentir un aliento espiritual difícil de explicar. Al tu rosarme con el rosario, volví a mirar, pero ya estaba todo como ahora. Así que vete". Su alma había comenzado a apoyarse en Dios.

—Yo traté de explicarle el significado de lo que ella me había dicho, por lo que radiante de felicidad, le señalé: "Dios vive con los pobres de una manera bien especial; mejor dicho, amó a los pobres, no a la miseria. Estoy seguro de que pasaremos días tristes, pero no moriremos de hambre. Jesús, siendo Dios, pasó hambre y vivió una vida de pobreza. Dios provee y lo que importa es ganar el cielo cumpliendo con los preceptos, soportando los sufrimientos y llevando con prudencia la pobreza".–

Fue la voluntad de Dios que aquella noche mis padres pudieran compartir aquel silencio que reinaba en nuestra casa, ya que "su palabra omnipotente descendió de los cielos cual guerrero invencible". (Sab 18, 14-15)

Había llegado el momento esperado y anhelado por mi padre. Había llegado la hora de la decisión para llevarla a la acción. Jesús había aparecido como la luz para extinguir las tinieblas. (Jn 1-1-5) (1Jn 1,5) Mi madre le dio el consentimiento para que perteneciera a la Congregación Chea. Y con este consentimiento, también ella estaba aceptando el cargar con la cruz de su propia misión. Nuestro hogar era muy humilde, pero Dios lo enriquecía con la paz interior que emanaba de su fe. Ella estaba allí como símbolo de la humildad, del silencio y la discreción ante las tempestades que sólo ella habría de vivir. Sólo mi madre podrá comprender el verdadero sentido de mis palabras.

Dios se les había manifestado a ambos en diferentes formas. Quizás aquel cordero descrito por mi padre no era sino símbolo de la paz y confraternidad que siempre existiría entre ellos. La imagen de Jesús crucificado no fue sino la liberación ante las dudas y temores de mi madre.

Fue así como ella comenzó a ser el cimiento donde mis hermanos fortalecerían sus esperanzas en ausencia de mi padre. En medio de tantas incertidumbres por vivir, allí estaría ella fortaleciéndonos con su esfuerzo, su dedicación, sus sacrificios, sus oraciones y su gran fe. Dios la había puesto en el camino de mi padre muy entusiasmado porque sabía que lo ayudaría por el camino de la evangelización y de la santidad.

Ambos depositaron toda la confianza en Dios, ya que nunca protestaron ante las contradicciones enfrentadas. Sólo estaban confiados en Él, siendo su fe, su confianza y su perseverancia sus únicas riquezas. Aquéllas, sus oraciones les ayudarían a persistir con paciencia todos los obstáculos que enfrentarían y a comprometerse de corazón a la voluntad de Dios.

Esa noche el corazón de mi padre estaba rebosante de alegría, pues sabía que la oración había sido escuchada en el cielo. Dios les había respondido, invadiéndolos con su luz divina. Ahora le esperaba el rol de evangelizar a otros, porque se ahogaba en el amor de Dios que vivía en su corazón.

A la semana siguiente fue a Peñuelas donde, una vez más, habló con el director espiritual y el presidente de la Congregación, tomando lugar la segunda entrevista. Lo aceptaron, pero con una encomienda: la de preparar a la familia de ropa y alimentos, que no le faltara nada. Luego iría con algunos hermanos a la formación que estaba basada en cuatro partes sumamente importantes: estudio de la Biblia, doctrina avanzada, mucha confianza en Dios y María Santísima y conocer bien a Jesús en la Eucaristía.

—Para esos tiempos los candidatos se formaban con los hermanos, andando por los campos hasta que ellos estuviesen seguros de que podíamos presentarnos al director, le asignaban una fecha en la que hacían el pacto Cheo frente al sagrario, y luego el presidente y el director los enviaban al campo para llevar el mensaje, buscando almas para el reino de los cielos.–

Después de esta encomienda, regresó a la casa con más responsabilidades. Pensaba para sí mismo: "Ahora debo concentrarme más en la oración, en la lectura bíblica, en asistir a la santa misa y recibir la comunión". Debía dejar todo listo para poder irse a la formación. Todo esto comenzó a hacerlo sin dejar de salir a los campos a rezar el rosario con su imagen de la Virgen de Fátima como tenía acostumbrado.

—Con el sudor de mi frente pude ahorrar cincuenta dólares, los cuales le entregué a mi esposa. Para entonces la vida era dura.–

Durante este proceso surgió un incidente que, aunque mi padre lo mencionó, me abstengo de comentarlo por ser muy desagradable.

Sólo sé que al relatarlo sólo recordó las palabras del hermano Carlos Torres: "Satanás te perseguirá hasta la tumba". Él consultó el incidente con el director espiritual, a lo que este le señaló: "Deberás sorprender a esa persona, pero no puedes hacerle nada". "Padre, ¡qué duro será para mí ese momento!", le contestó.

"Pues tienes que hacerlo si quieres llegar a ser hermano Cheo", le clarificó el padre. Y abrazado a la oración y poniéndose de acuerdo con su esposa, confrontó la situación. Llegado el momento de la confrontación, le hizo frente a la persona con tan sólo mirarlo. Éste, al verlo se asustó. Sin decirle nada, le dijo todo con la mirada, siendo esta la medicina. Pero después de todo, había logrado destruir los cincuenta dólares que había empleado para la compra de la ropa de sus hijos, aún pequeños.

—Fue así como puse mis manos en el arado y me marché con los Hermanos Cheos.–

Durante sus primeros tres años de preparación, estuvo un mes con el hermano Carlos Torres, un mes con el hermano Magdaleno Vázquez y un mes con el hermano Federico Rodríguez. Siempre fueron de dos en dos y Dios siempre en medio de ellos. De todos aprendió que la misión era sacrificio y abnegación de sí mismo. Implicaba, además, el vivir grandes sacrificios. Como el caminar kilómetros bajo un sol ardiente estando en ayuno y oración, para así superar las dificultades y continuar su misión.

—Dentro de aquella, mi preparación, recuerdo una vez que salí con el hermano Magdaleno Vázquez del Barrio Cerrillos de Ponce a las ocho de la mañana para el sector Carmelita. Nuestro desayuno había sido una taza de café que habíamos tomado. Todo esto fue caminando. Este hermano andaba más que un "trompo trotón". Yo veía los carros dobles, debido al cansancio que llevaba. A las dos y media de la tarde dejamos la carretera y comenzamos a subir la cuesta llamada El Seto. El sol estaba bien caliente. No niego que estaba cansado y con hambre. En dicha loma había un árbol de mangó, por lo que le dije al hermano: "Vamos a pararnos un ratito en esta sombra". "¡Cómo no!", me contestó. Nadie nos conocía en ese campo.

Ya estábamos llegando a la casa donde se iba a predicar, cuando de repente vimos una cabra que estaba un poco retirada de nosotros, y mirándola de frente le dije: "Mi nombre es Juan Abad Figueroa". Al decir esto, la cabra inmediatamente comenzó a berrear. El hermano Magdaleno me dijo: "Todavía no hemos llegado a la casa donde hemos de predicar, y la cabra lo conoce". Nos reímos un rato y luego continuamos. Al poco rato llegamos a la casa donde se llevaría a cabo la misión. La señora muy buena, luego de que nos saludáramos, nos invitó a que entráramos. Tomamos agua, pero lo que realmente deseaba era algo de comer. Pasaron como veinte minutos y nada. En el piso de la casa había un bebé que aún no caminaba, teniendo a su lado una fuentecita con unos pedacitos de vianda: nueve guineos, que para mí eran filete. Entonces se me ocurrió montar un drama con el nene, donde yo le preguntaría y me contestaría a mí mismo. Le dije: "Oye nene, ¿tú no quieres almorzar? "No". "Dame ese poquito". "Cójalo". Cogí la fuente en mis manos. La señora nos miró y nos preguntó: "Hermanos, ¿ustedes no han almorzado?" Yo le dije: "Muerto, ¿quieres misa? Me conformo con un responso en estos momentos". Ella nos indicó: "Yo tengo guineos cocidos y bacalao de las doce". "¡Sírvalo!", le indicó el hermano Magdaleno. Era como la una de la tarde. Cuando los sirvió, cerré los ojos para no ver cuándo se acaban aquellos filetes que nos sirvieron. Y así matamos a quien nos mataba.

Este fue un ejemplo de los muchos sacrificios que vivimos nosotros, los hermanos. En la noche el hermano Magdaleno predicó y yo recé el rosario. Esta misión fue de dos semanas. El último día hicimos oración, regresando a nuestros respectivos hogares.–

Durante su tiempo de preparación, las palabras del Hermano Carlos, referentes a él: "Satanás te perseguirá hasta la tumba", hacían énfasis una vez más en su camino. Así nos lo relató:

—Este incidente sucedió para el año 1951, en el mes de marzo. Recuerdo que antes de ser hermano profeso, nos encontrábamos en un retiro de adultos en la capilla San Patricio, ubicada en el barrio La Pica de Jayuya. Predicaba el Rev. Arturo Serga, de Ponce, de la Orden de los Paúles. Había un grupo de treinta y cinco hombres.

No pudiendo asistir el hermano Magdaleno Vázquez, me nombraron interino. Para esa época yo estaba en el noviciado y no podía predicar. Sólo podía decir la oración acompañado de un hermano profeso. A eso de las diez de la noche todo debía estar en silencio. No se podía hablar, ni en voz baja; era la regla. Yo tenía que bajar al sótano del edificio para apagar las luces. Una vez lo hice, se me apoderó un temor increíble y difícil de explicar. Al salir del sótano, que abrí la puerta que daba a los cuartos de dormitorios, el temor había desaparecido, pero fue peor, pues sentí deseos de predicar y hablar en voz alta. Me mantuve en oración, ya que si hubiese hablado hubiera desatado un escándalo, perdía el derecho de ser hermano y me hubiesen echado fuera. En aquel mismo instante escuché hablando en voz baja a dos de los hermanos que participaban del retiro. Me levanté y fui donde ellos. Eran Juan Nazario y Ramón Mejías, personas muy serias y respetables, maduros en edad y miembros de la Congregación Socios del Santo Nombre. Les pregunté qué sucedía, a lo que me contestaron en voz baja: "Cuando usted subió, detrás de usted entró alguien fumando. La candela del cigarrillo se iba convirtiendo como un platillo circulando a su alrededor y se movía de un lado de su cabeza al otro lado. Cuando se bajó de la cama, se retiraba regresando nuevamente hacia usted". Yo no veía nada, por lo que les pedí se mantuvieran en oración mental y trataran luego de dormir. Yo regresé a mi cama, me acosté boca arriba sintiendo deseos fuertes de predicar: "Predica, predica". Pude escuchar que los hermanos exclamaron:

"¡Ave María purísima!". Me levanté, me hinqué e hice oración finalizando con la oración de San Miguel Arcángel. Una vez terminé, fui donde ellos preguntándoles: "¿Qué sucede ahora?". "Hermano, cuando usted volvió a su cama, la luz del cigarrillo pasó sobre su cabeza, y cuando la luz aumentó como un platillo, le alumbró a usted y pudimos ver el hocico de la bestia. Tenía los brazos colgados sobre el espaldar de su cama. ¡Cosa horrible! Cuando usted se movió, lo que fue se convirtió en luz de cigarrillo, voló y por donde mismo entró se fue, estando la puerta cerrada". Una vez más, se hizo oración y luego nos quedamos dormidos. Aquel deseo de predicar también había desaparecido. La tentación puede convertirse en pecado, pero también puede convertirse en gracia. Eso fue lo que tenía esa noche: una tentación. La pude dominar con la oración. Estemos todo el tiempo, como dice San Pablo, en oración.–

Poco a poco fue aprendiendo y adquiriendo destrezas de cómo introducirse ante el pueblo de Dios, así como las técnicas del apostolado Cheo.

La formación de un hermano no se basaba tanto en teología, fraseología y psicología. Se formaba con estudio de la Biblia, doctrina avanzada y mucha confianza en Dios y María Santísima y conocer bien a Jesús en la Eucaristía. Como decía el obispo McManus; "Déjenme al hermano con su apologética que va bien". Toda esta formación era en tres años. Si en ese período de tiempo, el presidente veía que necesitaba más tiempo, el hermano tenía que esperar. Si el candidato durante ese tiempo no reunía las cualidades, se le explicaba con amor y alegre debería regresa al hogar.

Las misiones habían dado inicio en los barrios Cerrillos y Carmelita de Ponce por dos semanas. Se encontraban el hermano Carlos Torres, el hermano Herminio González, el hermano Federico Rodríguez y el hermano Guillermo Rivera. La última misión se había celebrado en la casa del hermano Eugenio Velázquez. Al día siguiente, sábado, se encontraba acompañado del hermano Carlos Torres, de quien decía tenía un carisma especial para transmitir la palabra de Dios y enseñar a vivir la vida de la gracia. Ambos "perseveraban en la oración con un mismo espíritu". (Hch 1, 14) Tomándose una siesta y enriqueciéndose de la presencia de Jesús a través de una vida de oración, sostuvo mi padre que pensando en la misión, echó un suspiro profundo. El hermano Carlos, que estaba próximo a él, muy exaltado le dijo: "¡Hermano Juan, ha llegado la hora! Váyase a su pueblo y comience a predicar. Yo lo envío rapidito".

Fue entonces cuando obediente, se levantó, preparó su maleta, encaminándose a su hogar luego de que el mismo hermano Carlos le ayudara con el dinero para el pasaje, y llegar con alimentos a la casa.

—Así terminaron mis tres años de formación del 1950 al 1953. El 22 de abril llegaba a mi casa a eso de las cuatro y media de la tarde.–

Fue aceptado el 26 de abril del 1953, fecha inolvidable en su vida. La noche antes, solicitándoles el que escogieran a su santo de devoción, se abrazó a la sabiduría de quien fuera su modelo de conversión para toda la vida: San Agustín. Pues no fue sino de él de quien aprendiera a repetir: "Me vuelvo hacia ti, mi Dios, mi misericordia, mi creador que no has olvidado a quién te ha olvidado. Te había olvidado, pero tú siempre me has tenido en consideración".

San Agustín enseñaba que el camino a Dios tenía tres peldaños: conocer a Dios, amar a Dios y servir a Dios. Mi padre había logrado alcanzar los primeros dos. Después de tres años de formación, había llegado el momento de dar su servicio a aquél que nos redimió. Ya estaba preparado para sembrar el mensaje, para alimentar el alma de muchos que estaban en desaliento e iluminar su oscuridad. Su trabajo ahora implicaba el don que viene del espíritu de Dios, pues ya Dios se había hecho sentir en su corazón por medio del Espíritu Santo. Ya había sembrado la semilla de la fe, logrado a través de la colaboración de este. Aquella soledad interna ahora estaba llena de la presencia divina, pues estaba abandonado sólo en Dios, quien ya era en él firmeza y fortaleza. Ahora sería el testigo de Jesús quien proclamaría su fe en Jesucristo, verdadero Dios y hombre.

CAPÍTULO III
Vida apostólica y tempestades

Seguir a Cristo no es tarea fácil y para entrar al reino de Dios hay que sufrir muchas aflicciones. (Hch 14, 22) ¡No todo es Gloria! Todo Hermano Cheo en sus comienzos tuvo grandes pruebas. Él recién comenzaba y jamás imaginaría cuán duras serían éstas. Al igual que muchos hermanos en sus comienzos fueron rechazados por algunos sacerdotes, que no podían concebir, o aceptar este don en aquellos tiempos, él también fue rechazado, ridiculizado, ofendido y calumniado, pero su espíritu de obediencia fue siempre mayor. Y se refugiaba en aquellas, las palabras de San Francisco de Asís, dirigidas a su Señor:

"Señor, que mi fe sea firme como una espada
Mi esperanza ancha como el mundo
Y mi amor profundo como el mar
Que amanezca como un sol
tu santísima voluntad ante mi vista".

Después de tres años de formación (1950-1953), comenzó su verdadero peregrinar apostólico, su verdadera jornada de fe. Y el cimiento de ese peregrinar fue en el barrio Mameyes de Jayuya. Recuerdo su rostro lleno de alegría cuando con profunda satisfacción personal expresó:

—Fue una experiencia tan significativa aquella noche de mi primera predicación que jamás podré olvidarla. Fue en aquel momento donde se hizo realidad mi deseo de servir al pueblo de Dios.–

La semana siguiente, después de que el hermano Carlos Torres le indicara que podía comenzar a predicar, se reportó a la parroquia, poniéndose a las órdenes del padre José, párroco para entonces. Él no conocía bien a los Hermanos Cheos. Luego de que le explicara, le dijo:

—En el barrio Mameyes hay una capillita que se celebra misa mensualmente, y a veces asisten tres o cinco personas, comulga una sola. Vaya a ver qué puede hacer. Tenga cuidado, me dicen que son sitios peligrosos. Personas conocidas en el pueblo le decían: "Usted no sabe a dónde va", "tenga cuidado de que no lo bajen en petaca".–

Mameyes era un barrio sumamente peligroso del cual todos tenían que hablar. Estaba localizado como a unos ocho a nueve kilómetros del pueblo. La mayor parte de los caminos eran fangosos y las casas eran prácticamente distantes unas de otras. La atmósfera era más bien una de frialdad. Aunque siempre había feligreses honestos, había muchos que carecían de valores auténticos y todo lo solucionaban causando grandes complicaciones. Si dejaban huellas en sus obras, estas no eran sino de sangre y odio. Apenas demostraban el mínimo interés por enmendarse. Allí, según le había señalado el párroco, padre José, la misa se celebraba mensualmente, y de cinco personas que iban, sólo una comulgaba. Afortunadamente, siempre hubo quien con su gran bondad se le acercaba señalándole que debía tener mucho cuidado. Él les respondía con gran seguridad:

—Voy con Cristo y María Santísima. Si sucediera algo malo, pues nací un día para morir otro. Morir por Cristo es vivir.–

Él creía en su misión, en su mandato, pues estaba anclado a la más firme de las anclas: María Santísima y a aquella la promesa de Jesús: "Yo estaré con ustedes hasta la consumación de los siglos". (Mt 28, 20)–

Por razones de distancia y a la falta de medios de trasportación, al llegar allí se hospedó en la casa de una familia que le indicaron eran buenos católicos: Federico Serrano e Isabel Rosario. Eran siete en el núcleo familiar. Fue allí donde le alimentaron. Esta casa era muy pobre, pero se enriquecía con la humildad de todos sus miembros familiares.

Desde muy temprano en la mañana se dedicó a la tarea de visitar casa por casa y así dar propaganda a la santa misión. A eso de las cinco de la tarde, ya la gente comenzaba a reunirse para iniciar su caminar, y en procesión llegar al hogar donde se iniciaría su primera misión evangélica. Mientras caminaban, cantaban himnos a la Virgen para la gloria de Dios.

La primera noche vinieron pocos; sólo seis personas. Mi padre, optimista, pensaba: "Cristo comenzó con uno". La segunda misión se llevó a cabo en la misma casa de la familia Serrano Rosario, teniendo la asistencia de un mayor número de feligreses. Para la segunda semana, ya las misiones se iban organizando mejor, llevándose a cabo en diferentes hogares. Los ánimos siguieron aumentando, hasta llegar a tener setenta personas.

—Yo quería acercarme a la capilla, ya que para el tercer sábado del mes se celebraría la misa. El miércoles de esa segunda semana, a eso de las seis de la tarde, íbamos en rogativa por caminos fangosos, debido a un ligero aguacero que caía, el terreno era barroso.–

Todos continuaban muy contentos, como agradecidos de que Dios les enviara bendiciones a través de éstas, pero nunca faltaba quien entorpeciera la paz. Ya próximos a un negocio donde se encontraban tomando unas cuantas personas, pasando frente a éste, un hombre que portaba un machete, de apariencia indeseable y de unos treinta y cinco años, se les acercó riéndose e irónicamente les gritó: "Mira esos tontos donde van mojándose con ese pedazo de madera".

Mi padre, algo nervioso y medio enojado, tuvo que tranquilizarse. "Como hombre, sentí como un calor en mi sangre". Luego de respirar profundo y haber cambiado un poco la expresión de su rostro, se le acercó, y en tono de voz suave le respondió: "Con ese pedazo de madera, como dices, rezaré el rosario en tu casa". "Si lo veo en mi casa lo echo abajo", le respondió grotescamente. "Como cristianos hay que tener fe y confianza en Dios cuando se va a decir o a hablar alguna palabra; que salga de Dios, no del hombre, ni por caprichos humanos", sostuvo.

Incorporándose nuevamente al grupo, continuaron cantando himnos hasta llegar al hogar donde se llevaría a cabo la misión. Éste estaba próximo a la casa de aquel señor. Gracias a Dios no hubo ningún otro obstáculo que entorpeciera la predicación. Finalizada ésta, era costumbre del Hermano Cheo preguntar: "¿Quién quiere la misión mañana? Para sorpresa de todos, aquel señor señalaba: "Yo la quiero mañana".

—No obstante, conociendo que el lugar era peligroso y que había que tener precauciones, ésta fue ofrecida en otro lugar. Aquel señor seguía insistiendo: "¿Cuándo será en mi casa?". Su deseo fue concedido al tercer día. Dios había tocado el corazón de aquel hombre por medio del mensaje transmitido en cada predicación. Él, al finalizar cada plática iba y besaba el crucifijo. Cuando me encontraba en el pueblo pedía la bendición y besaba mi mano, de lo cual no era digno", aclaraba. Más tarde se supo que fue socio de los miembros del Santo Nombre, grupo existente en la iglesia para ese entonces, y cuya cuota a pagar anualmente era de un dólar. Finalmente murió con los santos sacramentos.–

La participación de los feligreses a las misiones iba aumentando. En ellos se observaban mejores intenciones, ánimos positivos, y los objetivos de mi padre parecían ser más auténticos, esperanzados en la conversión de ellos. Llegado el momento de la Santa Misa, el sacerdote fue orientado de que habría muchas confesiones. A lo cual le contestó: "No, Juan, no puedo creer eso". "Pues bien, padre, haga lo que usted crea", le contestó.

Esta se celebraba a las ocho de la mañana. El sacerdote, no creyendo que sería así, llegó exactamente a la misma hora. Al llegar quedó asombrado. La pequeña capilla estaba llena. Desconocía que los feligreses estaban deseosos de una resurrección a la vida, de un nuevo amanecer en sus almas. Mi padre, como si no conociese sus deseos, quiso valorizar más aquella oportunidad que se les ofrecía y antes de iniciar la Santa Misa, dio una plática sobre la confesión. Hubo conversiones a granel.

Los sábados regresaba a nuestro hogar, donde el dolor de ver la necesidad le partía el alma. Como podía, conseguía dos dólares, que le dejaba a nuestra madre para el consumo de los alimentos. Para entonces vendía rosarios para ayudarse a llevar la obligación. "Mi esposa que llevaba la cruz de la misión, diría yo, era más fuerte que la mía, guardaba silencio manteniéndose en oración", señalaba.

Para la cuarta semana ya sentía el peso de la misión por el cansancio físico. "Sólo la gracia de Dios podría estar conmigo en esos momentos", señalaba, mientras mantenía su mirada perdida en el tiempo pasado. "Algunas personas, cuando terminaba la misión, me preguntaban: Hermano, ¿usted no escuchó lo que pasó por encima de la casa cuando echó la bendición?". "No, hermano". "¡Fue terrible! Era como un animal. "A decir verdad, ni sentía ni veía nada, pero observaba que la gente se asustaba", sostenía.

Las misiones se seguían extendiendo y ya iban cerca del barrio Mameyes de Utuado. Un día tuvo que viajar a Ponce para conseguir más rosarios para la venta, cuya ganancia era de veinte a cuarenta centavos, y eran pocos los que se vendían. Ese día llegó de regreso al pueblo de Jayuya a las cuatro de la tarde; aún no había almorzado, por carecer de suficiente dinero. Ese mismo día tenía misión programada. De Jayuya a donde tenía que dirigirse eran kilómetros los que tenía que caminar, por lo que fue llegando a la casa donde se llevaría cabo la misión a eso de las seis de la tarde. Eran días cortos y había mucha gente. Al llegar había unos hombres amolando machetes y hablando mal. Ignorando la escena, comenzó la misión con cánticos, prosiguiendo luego con la oración y la predicación. Al finalizar, era costumbre el repartir café, y era tanta el hambre que tenía que se tomó cinco tazas con tal de coger un poco de fuerzas. Esa noche no pudo llegar a su hogar, ya que el cansancio era mucho, hospedándose en casa de un señor llamado Federico.

Luego de caminar media hora más, después de la misión, se había propuesto descansar. Al siguiente día le esperaba una larga jornada. Por motivos de la celebración de la Semana Santa, se había acordado que al día siguiente, muy temprano en la mañana, toda la comunidad allí presente bajaría en procesión hasta la Iglesia Nuestra Señora de la Monserrate en el pueblo de Jayuya. Se había programado la salida para las siete de la mañana y así poder participar de la misa pre-santificada, y así comenzar con la Semana Santa.

Transcurrida la noche, cientos de feligreses se habían reunido para juntos trazar las huellas hasta llegar al verdadero camino. En ellos la espiritualidad alcanzada era indiscutible. Muchos llevaban en sus manos sus ramos, y entre rezos y cantos se dirigían a la iglesia, deseosos para una vez más poder tener a Dios en sus corazones por medio de la Santa Eucaristía.

La iglesia estaba completamente llena. Recuerda mi padre que se encontraba al lado derecho de una de las puertas laterales de ésta, cuando de repente llegó un señor arrodillándose ante él y le dijo: "Padre, vengo a confesarme". "Yo no soy sacerdote, así que póngase de pie", le contestó. Y mientras le ayudaba a levantarse, aquel señor proseguía diciéndole: "Anoche, cuando usted predicaba, llegué y estuve un rato parado, yéndome luego a mi casa sin esperar a que finalizara la predicación. Luego que tomé café fui a acostarme, y fue cuando usted entró a mi cuarto y sentándose a mi lado dijo: 'Vengo para decirte lo que tienes que hacer para que salves tu alma y la de tu mujer, ya que vives en adulterio. Prepárate una casita aparte y sepárate de ella. Trátense como hermanos, confiesen y comulguen. No pierdan más el tiempo. Hagan esto y les aseguro la salvación'".

No conociendo aquel señor, le aconsejó que fuese donde el sacerdote y le dijera todo lo que le había relatado. Él, así lo hizo. Mi padre, en cambio, se había quedado pensando en el incidente, pues había sucedido el mismo miércoles en que se encontraba descansando. A su regreso, luego de haberse confesado, el señor dirigiéndose donde mi padre, le dijo: "El sacerdote me dijo que hiciera todo lo que usted me aconsejó anteriormente".

Esto sucedió miércoles cuando predicaba sobre el tema del pecado, antes del Jueves Santo, para la mayor gloria de Dios. Luego de un tiempo, se supo que aquel señor era llamado Agustín, dueño de unas cuantas cuerdas de terreno, de las que donó media cuerda a la iglesia, y donde se construyó una capilla que llevó el nombre de San Antonio. Él solía decir: "Yo, Agustín, hombre analfabeto, muerto en el pecado, el hombre de la luz me ayudó a salir del pecado. Hoy soy libre. Vivo en gracia de Dios y de la Virgen. Ustedes que no viven la gracia de los sacramentos por estar muertos en el pecado, como lo estaba yo antes, salgan de ese estado de vida, y vayan donde Cristo y encontrarán la vida eterna. Y no olviden el Santo Rosario, como nos dice el hombre que nos trajo la luz a esta comunidad", "refiriéndose a este pobre pecador", comentaba.

—Por medio del testimonio de aquel señor hubo muchas otras conversiones. Muchos llegaron a confesarse al escuchar su testimonio de vida. Hoy, Agustín Mercado y su esposa doña María están en el cielo con Jesús y con María Santísima y demás santos, intercediendo por la Iglesia peregrina en este mundo. Estoy seguro de eso. Esa es la vida de los santos y predestinados en el cielo.–

Gran parte de aquella comunidad había aprendido a levantarse. Ya había descubierto el alimento verdadero, el pan de vida. Así que Dios les infundía la fuerza suficiente para seguir adelante. Ellos ya comprendían exactamente las palabras de Jesús: "Yo soy el camino, la verdad y la vida". (Jn 14, 6) "El que viene a mí nunca tendrá hambre". (Jn 6, 35)

Indiscutiblemente, el Espíritu Santo estaba santificando aquella iglesia caminante. Allí se respiraba la presencia auténtica de pentecostés.–

A este punto, hago un paréntesis para relatar lo que vivió uno de sus hijos, Apolonio (el cuarto en la familia) cuando le acompañaba a las misiones en este barrio de Mameyes. Para entonces contaba con trece años, y nos relató que en una ocasión en que nuestro padre finalizaba una de las predicaciones, hubo un hombre al que describió con apariencia poco deseable que le hizo frente. Según descrito por él, este hombre era alto, tenía un ojo de vidrio color blanco y portaba un arma blanca en la cintura de su pantalón. De acuerdo con lo relatado, este señor estuvo haciéndole preguntas a nuestro padre con relación a la palabra de Dios, y a todo lo que había predicado esa noche en tono desafiante. Mi hermano sostuvo que nuestro padre estaba algo nervioso, así como lo estaba él, y no era para menos, ya que era un barrio sumamente peligroso donde nadie podía fiarse de nadie. Pero confiado en sí mismo y conociéndole, me imagino, estando en oración fue contestándole cada una de aquellas preguntas. Al finalizar, este hombre tomó el arma blanca que llevaba consigo, la puso en tierra, se arrodilló y pidió perdón. Me imagino que Dios tocaría su corazón por medio de aquellas respuestas recibidas.

En otra ocasión, confiesa él que en un momento en que predicaba ante una multitud de gente con su voz potente, se le apareció una mujer. Él no recuerda detalles específicos, pero sí señala que nuestro padre no era él. Hubo en él como cierta transfiguración de la que da testimonio. Resulta ser que, en medio de la predicación, para alejar aquella mujer, le miró y sostuvo: "Hijo, tápate los oídos porque no quiero que escuches estas palabras".

No obstante, acercándosele, con sus propias manos le tapó los oídos, y efectivamente no pudo escuchar nada de lo que predicó en alta voz, "y cuidado que predicaba con fuerzas". Nuestro hermano no pudo señalar qué sucedió luego de esto con aquella mujer que, según señalado, no era nada natural.

Su siguiente viaje misionero fue en el barrio Tetuán de Utuado durante otros siete meses. Su apostolado seguía floreciendo, así como se iba fortaleciendo su fe. Encontrándose en este último barrio, fue invitado a que predicara en una promesa. Tratándose de lugares peligrosos, siempre estaba rodeado de seis hombres que velaban porque nada malo fuese a pasarle. "Creo que la gracia de Dios actuó una vez más en mí", aclaró.

Esa noche al terminar el rosario, se levantó dispuesto a comenzar la misión y su mente queda en blanco. Sólo había logrado persignarse. No lograba recordar nada. La gente allí presente seguía esperando. Tres de aquellos hombres subieron a su encuentro solicitándole que les siguiera. Fue entonces cuando supo que entre los presentes había alguien que quería apuñalarle una vez comenzara a predicar. "¡Gloria y alabanza a ti, Señor!". No hay que dudar que el Espíritu Santo actuó y se manifestó en su acción como paráclito que auxilia al hombre.

Poco antes de que finalizaran aquellas misiones, regresó a su hogar para estar en descanso por quince días; días que dedicó en gran parte de su tiempo a la agricultura para el consumo de alimentos. Luego regresó a Tetuán donde finalizaría su misión. Por ser largas las distancias para aquellos hombres que eran como sus ángeles guardianes, y por ser hombres de trabajo, tuvo que seguir solo. Ya las misiones le estaban resultando cada vez más duras, pero optimista seguía adelante. Para su sorpresa, encontró allí familiares del hermano José Rodríguez y compañero del hermano José de los Santos Morales. Por suerte, se hospedó en casa de uno de los familiares del hermano José Rodríguez. La casa en la que se reunieron era pobre; había poca gente. Desde el comienzo de las oraciones había dos jóvenes que se encontraban charlando, y hablando de vez en cuando palabras con doble sentido. Se les llamó la atención inútilmente. Su conducta era intolerable. Listo para iniciar la predicación solicitó un minuto de silencio, señalando: "Recemos el Credo que voy a alejar a Satanás del cuadro". Entonces, con voz enérgica, dijo: "Espíritu inmundo, te ordeno que salgas del cuadro y vayas a tu morada para dar lugar a la palabra de Dios. En el nombre del Padre, del Hijo y del Espíritu Santo".

Aquellos jóvenes, nerviosos y asustados cayeron de rodillas en la sala, y así se pudo dar comienzo a la predicación. Una vez más recordó las palabras del hermano Carlos Torres: "Satanás te perseguirá hasta la tumba".

Luego, cuando ya llegaba a la casa donde se hospedaría, el hogar de Guillo, dato que le estuvo curioso, fue que las personas allí estaban alarmadas y nerviosas. Ellos no habían ido a la misión por estar pendientes a una reunión programada entre algunos vecinos, para sacar pitorro clandestino al lado de un pesebre y donde tenían un caballo. Según ellos le relataron, estaban sentados en la escalera de la casa escuchando cuando él había pedido que se rezara el Credo. Cuando echó la bendición, ellos señalaron que había salido del lugar como un cuero volando, "cosa horrible", en dirección a su casa. Pero al llegar al lugar donde sacarían el pitorro, se introdujo dentro y al salir siguió finca abajo hasta dejarlo de escuchar. El caballo saltó sobre la baranda del corral echando a correr finca adentro. Mi padre no hizo comentario alguno y para disimular se echó a reír y subieron a la casa.

Los siete meses de misiones programadas se extendieron por un mes más. Ya sentía el peso de la misión por el cansancio físico. Llegó el momento en que predicaba dos veces al día: a las tres de la tarde y a las siete de la noche. Caminaba largas distancias (kilómetros), pero una fuerza mayor le ayudaba. También pensaba: "Dios prueba a los suyos con el dolor".

Cosechaba éxitos, pero muchas veces durante las misiones recordaba que mi madre y mis hermanos estaban sufriendo de hambre. Así lo expresó:

—Dios prueba los suyos con el oro en el crisol en el fuego. Me probaba con pruebas duras. Mientras iba predicando, mis hijos y mi esposa estaban pasando hambre, y yo lo iba viviendo en carne viva. En estos momentos que escribo pienso en la distancia que caminaba, que eran de ocho a nueve kilómetros, y sólo la gracia de Dios, la Virgen y los santos de mi devoción, San Agustín, tenían que estar conmigo en esos momentos para haber podido caminar esas distancias. Después de finalizar la misión, que éramos invitados a cenar y veía carne de ave en la mesa, mi esposa e hijos venían a mi mente. Siendo el dolor tan fuerte en mí de lo que vivían, eché la vergüenza a un lado y les decía: "Voy para mi casa esta noche; para yo poder comer de esa carne tiene que asegurarme un par de pedacitos para llevarlos conmigo".–

"Como no hermano, si usted para nosotros es como si fuera de la casa", le respondían.

—La preparaban en papel de aluminio y al terminar tomaba la imagen de la Virgen en la mano derecha y la funda en la otra. Y con Dios y la Virgen llegaba a mi casa entre las once o doce de la noche, llamaba a los nenes, si es que estaban dormidos, para que saborearan la carne frita. Esto lo hacía a menudo. Ahora que lo medito, no era yo el misionero, sino mi esposa la que llevaba la cruz de la misión. Dios me la dio como esposa para que me ayudara en la misión evangelizadora.–

No obstante, se fortalecía al pensar: "La misión es todo sacrificio, pero si quieres seguir a Cristo hay que tomar su cruz y seguirle, aceptando el sufrimiento y las pruebas que nos quiera enviar, pero aceptarlos con amor".

Sus palabras me hicieron recordar las palabras de San Pablo en su carta a los Tesalonicenses: "Ustedes se pusieron a imitarnos a nosotros y al mismo Señor, cuando al recibir la palabra encontraron mucha oposición y a la vez la alegría del Espíritu Santo". (1Ts 1, 6) Esto significa, según lo indicaba el Papa San Juan Pablo II, "que los cristianos reproducen en sí mismos el misterio pascual de Cristo, cuyo fundamento es la cruz, pero su corona de gloria es la alegría del Espíritu Santo". Todo esto era lo que comenzaba a ser su herencia como cristiano.

Así terminaron sus primeros ocho meses de misión; meses de grandes sacrificios y necesidades para él y para nuestra familia. Pero como recompensa a esos sacrificios, su mensaje pudo contribuir al crecimiento espiritual falto en diferentes comunidades, pueblos y barrios. Ya había comenzado a vivir lo que una vez había deseado, ardientemente, en la empresa de Jesús. "Son las manos, la entrega, el trabajo, la confianza en la divina misericordia las que contribuyen y construyen a que resplandezcan las obras del Señor".

Una vez que estuvo en descanso visitó el barrio Saliente de Jayuya con el fin de misionar por una semana. La primera misión fue en el hogar de una familia de apellido González; familia muy cristiana y buena. Tenían cinco hijas. La segunda misión sería martes, cuando a las diez de la mañana llegó el hermano Federico Rodríguez del pueblo de Ponce. Apresurado saludó, entró a la casa y sin tardar un minuto le dijo a mi padre: "Hermano, me voy rápido. Vengo a decirle que tenga cuidado. Hay peligro para usted". Luego de tomar café, regresó a su pueblo. Mi padre, conociendo a los Hermanos Cheos, en la tarde fue a la misión, acordando con alguien del barrio para que lo llevara de regreso a su casa, luego de que finalizara la misma. Con tan buena suerte, que a la persona se le olvidó. Terminando la misión no tuvo otro remedio que regresar a nuestra casa caminando solo.

Debemos señalar que para aquel entonces no había focos en las calles que alumbrasen los caminos. Las personas por lo general se alumbraban con linternas o "flashlights", que era lo que usaba mi padre. Eran muy pocos los que tenían el privilegio de tener auto. La distancia del lugar donde se encontraba predicando a su casa era como de dos horas caminando.

Esa noche, llegando a un sector llamado el Candil, se detuvo un señor ofreciéndole transportación sólo hasta el barrio Coabey, donde él residía. Mi padre aceptó, pero aún le faltaba camino por andar. Ya eran las once de la noche y en su mente meditaba lo que le había dicho el hermano Federico. Pero muy confiado en Jesús y la Santa Virgen, recuperaba los ánimos y continuaba adelante. Cuando llegó a un sector que le llamaban el Boquerón de Coabey, por cierto, lugar bien solitario y callado en aquellos tiempos, un señor de apellido Marrero, que subía del pueblo junto a otras dos personas, se detuvo a unos pies donde se encontraba él y pudo escuchar cuando éste le dijo al hombre del lado derecho: "Aprehéndelo, ahora que viene solo". Mi padre, rápido, con su crucifijo en una de sus manos y la linterna en la otra, le interrogó: "¿Qué sucede? Escuchando que le contestaba con una blasfemia.

Mi padre confesó que se sintió algo desesperado escuchando lo que decía el hombre y, a su vez, pendiente a los otros dos que estaban con él. Pensaba qué podría hacer en aquel momento, no olvidándose de la oración. Nunca imaginó que la protección de la gracia de Dios llegaría tan de repente. Otra "pickup" que subía llena de gente, que imaginaba salían del teatro, cuando se acercaron a ellos le gritaron: "Marrero, ¿qué haces ahí?". Cuando escuchó que le llamaron por su nombre, retrocedió y sin decirle nada se marcharon. Se alejaron dejándole en tinieblas. Él continuó su camino dándole gracias a Dios y a su Madre.

Al día siguiente, no dijo nada a su familia, pero fue al cuartel para informar lo sucedido por si algo pasara. Luego investigó por qué aquel señor quería hacerle daño.

En la casa donde había predicado había una joven con la que tenía planificado llevársela consigo. Ella supo escuchar la palabra de Dios, y rechazándolo se destruyeron sus planes. De aquí el odio de este señor a su persona y el aviso de Dios por medio del hermano

Federico. Y es que Dios, a los suyos los libras de la muerte y del peligro. Mi padre me repitió el siguiente verso luego de su relato:

Salve Virgen María,
Óyeme te imploro con fe.
Mi corazón en ti confía Virgen María, sálvame.

Luego de aquella semana de misión, tuvo un descanso por un mes junto a la familia, dedicándose a la agricultura. Un día, lunes, en que se encontraba ofuscado en sus pensamientos, se le acercó una persona -señora Montijo-, quien le solicitara el que fuese a predicar al barrio La Pica de Jayuya ya que, según ella, los pentecostales se estaban quedando con el barrio. "Por ahora no puedo", le contestó. Ella continuó insistiendo: "Hermano, hágalo por amor a Dios, vaya". Ante tantas insistencias, accedió a ir indicándole que avisara gente para iniciar el día siguiente, miércoles. Ella feliz de oír su respuesta le dijo: "Si desea puede quedarse en mi casa". Miércoles, a las tres de la tarde, llagaba a su casa.

Una vez más, por motivos de distancia tuvo que hospedarse. Para su sorpresa, al entrar a la casa donde se hospedaría, escuchó unos quejidos. Se trataba del hermano de ella, que lo habían llevado la noche anterior para que muriese en su casa, pues estaba grave; sufría de tuberculosis. Esta persona se encontraba en una casita aparte. "Anoche me trajeron a mi hermano que se encuentra grave para morir", le dijo la señora. Mi padre le dijo: "Voy a verlo". "No, hermano está tuberculoso y es peligroso", le señaló ella. Mi padre insistió: "Tráigame alcohol y un limón agrio, si tiene". Ungiendo el crucifijo en alcohol y limón, al igual sus manos y su cara, fue a verlo.

¡Era terrible el cuadro que se observaba! Su pecho se levantaba y de su garganta surgía un rugir fuerte. Sus ojos eran vidriosos. Así que colocando el crucifijo en su pecho dijo: "Hermano, sé que no puede hablar, pero sí escuchar. Cuando le pregunte algo, contésteme con su cabeza afirmativa o negativamente, según sea el caso".

Luego de haber estado hablándole sobre la pasión de Jesucristo por unos veinte minutos, le preguntó: "¿Quiere usted confesarse?" A lo cual respondió afirmativamente. "Tranquilícese, usted no va a morir hoy". Pero lo más hermoso fue que el hombre no perdió el habla y la fatiga cesó, mostrándose más tranquilo. "Hoy es tarde para buscar un sacerdote y yo tengo misión. Cuando regrese volveré donde usted para que hablemos". "Sí", le contestó.

Mi padre volvió a lavar y desinfectar el crucifijo. Después de haberse llevado a cabo la misión programada regresó donde él, para ayudarle en su preparación para la confesión. Además, hizo los arreglos con el señor de la casa, dándole instrucciones para que viajara al día siguiente, bien temprano, y hablara con el sacerdote (padre José, párroco). "Indíquele que va de mi parte", le señaló. A las ocho de la mañana se encontraba el sacerdote (padre Vicente) en la casa del enfermo. Aquel hombre, de treinta y nueve años recibía por primera vez los sacramentos y la unción de los enfermos. Nunca se había confesado; tampoco perdió el habla ni el conocimiento durante el proceso. Mi padre acostumbró el dialogar con él todos los días mientras proseguía con las misiones.

A la semana siguiente, miércoles, después de haber iniciado las misiones en el mismo barrio, a eso de las tres de la tarde se dispuso a esperar la línea pública que viajaba de Ponce a Jayuya, ya que su mamá tenía cita médica ese día. Frente a la carretera había un gran árbol sobre el cual se recostó aprovechando, a su vez, para hacer las oraciones del día. En su mano izquierda tenía el crucifijo, el cual sujetaba contra su pecho. La mano derecha la había colocado tras su espalda, para apoyarse contra el árbol. Así, con los ojos cerrados, meditaba. De repente se detuvo ante él una guagua, la cual estaba llena de gente. El chofer se bajó y dirigiéndose hacia él le interrogó: "¿Es usted el que está predicando en este barrio?" "Sí, señor", contestó sin medir palabras. "Yo soy el pastor que está evangelizando la comunidad".

Mi padre guardaba silencio. Aquel señor continuaba hablando: "Vivo en Adjuntas y tengo a mi mamá, que cuando llega el 16 de julio prepara un altar, avisa gente y comienza a cantar a un pedazo de palo que dice es la Virgen. Con gran naturalidad mi padre le interrogó: "¿Sabe usted cuáles son los mandamientos de la ley de Dios?" "Sí", contestó. "¿Puede decírmelos?". Cuando llegó a decir el cuarto mandamiento, le interrumpió y en tono fuerte le señaló: "¡Basta! En estos momentos usted ha quebrantado todos los mandamientos que dice saber. Porque no ha honrado a nuestra Santísima Madre, al blasfemar sobre Ella delante de todos los que trae consigo en la guagua, delante de mí y, por, sobre todo, delante de la presencia de Dios que está en todas partes; y quien no tenga a María por Madre, no tiene por Padre a Dios".

Entonces aquel señor, al ver que él continuaba apoyando el crucifijo sobre su pecho, solicitó el que se lo mostrara. Mi padre, celoso al fin de las cosas sagradas, le mostró con su propia mano el crucifijo; "el libro de la vida", como decía San Francisco de Asís. "¿Me permite cogerlo en mis manos?", le preguntó. "Bueno, siempre y cuando usted no me profane el crucifijo como hizo con nuestra Madre. Tenga cuidado porque, de lo contrario, usted probará una mano fuerte; se lo advierto" "No se preocupe déjeme cogerlo en mis manos", le respondió. "Se lo advierto una vez más, tenga cuidado, señor".

Después de haber sido advertido varias veces que tuviera cuidado con él, se lo mostró. Al tenerlo en sus manos, aquel señor lo levantó en alto, señalándole a sus compañeros de la guagua: "Hermanos, ¿ustedes pueden creer que yo crea en este pedazo de madera atravesado? "Se atravesó una vez más Satanás en mi camino", pensó.

Siendo su carácter muy emocional y estando malhumorado, fijó bien su pie derecho pegándole un puñetazo que le hizo dar dos vueltas y le dijo: "Para que aprenda a respetar; si no respeta a los hombres, por lo menos respete a Dios". Le quitó el crucifijo. Y el hombre le dijo: "Repréndelo Satanás". Por lo que recibió otra bofetada.

Fue entonces cuando pidió auxilio a los hermanos que le acompañaban en la guagua. Ellos, que habían abandonado su fe con sus engaños, le contestaron: "Más duro le pudiera haber dado; él estaba quieto y usted se lo buscó. ! Váyase, que nosotros nos quedamos aquí!". Aquel señor se marchó.

No había terminado el problema cuando llegaba la hija de la señora donde se hospedaba, avisándole que el señor tuberculoso estaba como loco llamándole; ya que no podía ver. Mi padre corrió a su encuentro y el señor le indicaba: "Hermano, no puedo ver, esa neblina me tiene ciego". "Pero, si la tarde está clara", pensaba mi padre. Comprendiendo que había algo más, le preguntó: "¿Sucede algo más de lo que me dice?". "Sí, estoy recordando que cuando joven corrí a mi mamá con un machete". "¿Usted confesó ese detalle al sacerdote el jueves pasado? "No, me olvidé y lo recuerdo ahora", le señalaba. "Olvídese de eso ahora". Pidiéndole que rezaran juntos el "Yo pecador me confieso…" y la oración de San Miguel Arcángel. Terminando estas oraciones, le señaló: "Ya veo, estoy bien, se me quitó la neblina que tenía delante". "Sí, quédese tranquilo. Pida perdón a Dios de todos sus pecados que la unción de los enfermos perdona los pecados no confesados por olvido y santifica el alma ante la presencia de Dios, le señaló. Por la noche moría tranquilo por lo que doy fe, y creo fielmente que aquella alma está en el cielo".

Al día siguiente fue a dialogar con el sacerdote, ya que se sentía mal por su reacción ante el hermano separado. Al finalizar, padre José le contestaba: "Váyase tranquilo. Usted no ha cometido ningún pecado con lo que hizo. Más duro le pudiera haber dado, ya son muchos los abusos contra la Iglesia. La Iglesia hay que defenderla".

Como resultado de aquellas misiones, la mayor parte de aquellas personas que habían abandonado su fe, regresaron de nuevo a la Santa Iglesia Católica.

Para el año 1954 fue solicitado, por el hermano Carlos Torres, a que fuera a predicar a Sabana Grande por quince días. Cuando el hermano llagaba al pueblo asignado a predicar, era costumbre que se reportara al párroco para que así le asignara la encomienda a llevarse a cabo. Generalmente, la responsabilidad de ellos era el de asignarles el barrio a predicar y quizás orientarles de ciertas precauciones. Para esa época, él siempre estaba solo en las misiones y se estaba entrenando, ya que su experiencia era poca.

Pues bien, se reportó a la parroquia San Isidro Labrador. Para entonces, el párroco era Monseñor Ortiz, quien muy contento lo condujo al campo donde se hospedaría en la casa de dos viejitos que apenas podían valerse por ellos mismos. Por esta razón y por sí mismo tuvo que buscar dónde hospedarse, ya que no era el lugar apropiado donde hubiese una persona que le acompañara a visitar los hogares. El no conocía los lugares para esa época. Según relató un día Monseñor Ortiz, le envió a buscar, ya que quería hablar con él. Llegó a la parroquia temprano, tomó café y salieron a San Germán. En el camino le dijo a mi padre: "Hermano, comience el Santo Rosario con los misterios gozosos". Cuando llegaron a San Germán, habían iniciado los misterios dolorosos y le dijo: "Hermano, siga rezando en lo que regreso". Él iba a comprar una madera y a su regreso, le preguntó:

"¿Terminó los dolorosos?" "Sí, padre". "Pues comience con los gloriosos".

Se rezaron los quince misterios y terminaron con los gozosos por cuarta vez. Y finalmente, le dijo: "Gracias hermano por haberme acompañado y rezar por el camino". Dialogaron. Monseñor habló confidencialmente con mi padre. Nunca dio detalles por ser secreto de confesión.

Terminando esa misión regresó a Jayuya. Un domingo, después de la santa misa, quiso ir al barrio Saliente para allí celebrar una misión. Le dijo a un señor llamado Goyito: "Hermano, avise gente que voy a estar por la noche en su casa". El señor muy alegre le preguntó a qué hora llegaría, a lo que le contestó: "A eso de las cinco". Muy animado hizo los arreglos. Se había planificado que esa tarde comería en casa de una familia muy querida por él. Llegó allí a las cinco y treinta de la tarde. Eran tres miembros de la familia: el matrimonio y la hija. El no niega el que tenía hambre y estaba deseoso de comer aquellas ricas sopas de jamón que se habían preparado. La casa era muy organizada y limpia. A las seis, ya reunidos para la cena, luego de bendecir los alimentos, comenzó a servirse cuando vio que en su plato cayó una patita de cucaracha.

—¡Dios mío! ¡Dios mío, ten piedad de mí!

Suplicó mentalmente. Nadie allí presente se daba cuenta de lo que él observaba. Al contrario, todos disfrutaban de las deliciosas sopas e insistían una y otra vez que se sirviera más.

—Traté con mi cuchara de que ellos la vieran, pero sólo insistían en que comiera más. Para evitarles pasar un bochorno tuve que comer, pero la verdad era que sentía náuseas.–

"Hermanos, no puedo comer más, es tarde y tengo que predicar", les dijo. Fue entonces cuando la esposa de aquel señor tomó la iniciativa y le sirvió más sopas.

—¡Dios mío, Dios mío! Al echar dos cucharadas, cayó la cucaracha entera. Por poco me vomito en la mesa. "¡Dios mío, ten misericordia de mí!", decía mentalmente.–

De repente sintió que le dijeron: "Perseguido serás hasta la tumba". Una vez más miró al plato y lo que anteriormente había visto, ya no estaba. Comió con un poco de confianza, pero el daño ya estaba hecho; su estómago estaba totalmente descompuesto. Estuvo enfermo por quince días.

De aquí se fue a hospedar a un hogar donde tenían un concepto alto de los Hermanos Cheos. A eso de las diez de la noche, porque el dueño del hogar no había comido, a insistencias, prácticamente le obligó para que le acompañara a comer. Mi padre accedió indicándole:

—Está bien, pero sólo una cucharada. ¡Duro para creer! Lo mío era una guerra", señalaba. Al llevar a mi boca la primera cucharada, me percaté que un pelo me rozaba en los labios. Disimuladamente, con los dedos halé el dichoso pelo por tres ocasiones y no terminaba de salir. No comí la comida. Estuve toda la noche sin poder dormir. A eso de las cinco de la mañana, el matrimonio, al darse cuenta, fueron donde mí. Fue entonces cuando les pedí un poco de agua tibia con sal, mientras me apretaba el estómago con el crucifijo. Ya para el lunes regresé a mi casa donde guardé cama por dos días.

El siguiente domingo llegó a mi casa don Miguel Torres, hombre celoso por la fe. Cuando él veía que la fe aflojaba en la comunidad, rápido buscaba al hermano. Había llegado con su esposa y luego de saludarnos, me dijo: "Hermano está haciendo falta agua a las plantas, se están secando". Le contesté: "Como no, mañana lunes llegará la lluvia. Avise gente para la capilla". Por suerte, era en su propiedad.

Por la tarde llegué. Él había quedado en regresarme a mi casa en la noche. La comunidad respondió a la misión positivamente. Mientras predicaba, observaba cómo don Miguel tenía su mirada fija en el suelo. Cuando terminé, fue donde mí y me dijo: "Usted esta noche se queda en mi hogar". En su casa tenía un cuarto reservado para los sacerdotes y los hermanos, en caso de que hubiera necesidad de hospedarlos. "Yo iré a su casa y le diré a su esposa que usted se quedará en mi hogar, pues a mí se me dijo en la predicación que me preparara, ya que mi fin estaba por llegar". Esa noche ninguno de los dos dormimos, platicando lo que se le dijo en la predicación. El martes se predicó en el hogar de don Pablo de Jesús, donde también estuvo presente para escuchar la predicación. Una vez más me dijo: "Hermano, me quedan horas de vida, se me indicó otra vez".

La tercera misión fue en otro barrio: Salientito. Me llamó en privado y me dijo que tenía que ir a San Juan a una cita médica, pero que iba por la mañana a confesarse, ya que creía que no iba a volver con vida a su casa. Y así fue. En San Juan le dio un ataque cardiaco. Parte de aquella lluvia era para él. Hoy está en el cielo, ya que durante toda su vida fue una persona que tenía los pies en la tierra, pero la cabeza en el cielo; "el que siembra, cosecha". Don Miguel fue hombre que supo sembrar durante su vida, plantó firme sus bases en terreno firme, no edificó en arena. Este es uno de los testimonios de mi vida apostólica como Hermano Cheo.

Para el año 1956 se enfermó mi papá. Para ese tiempo estaba mi hermano Vicente en la Congregación. El director para entonces era el hermano Federico Rodríguez. Los tres: el hermano Federico, mi hermano y yo acordamos de que me quedaría para cuidarlo hasta la hora de su muerte; cuidado que duró siete meses.–

Por lo mucho que sufrió en la enfermedad, mi padre señaló que se había puesto como maniático y al único que obedecía era a él. Cuando no quería el desayuno, mi abuela le decía: "Ahí viene Abad" e inmediatamente lo comía.

Mi padre no quería cuenta con mi abuelo. Nunca lo olvidó en sus oraciones. Ya acercándose el final de su vida, le dijo: "Abad, yo quiero ir a tu casa". Para llegar a ésta había una distancia de tres hectómetros y luego había que cruzar el río. Por ser un hombre alto y pesado, no era fácil para él. Tenía que cargarlo a hombros.

—Sí, papá, venga. Lo levanté de su cama, lo cubrí con una sábana, y cargándolo, apenas podía salir al camino. Lo encaminé a casa de mi hermana Carmen, que vivía cerquita. Entré, lo senté en una silla y le dije: "Papá, ya llegamos a mi casa". Levantando la cabeza miró a su alrededor y con aquella voz cansada, me dijo: "Ésta no es tu casa". Yo me sentí triste, y sacando fuerzas de donde no tenía me lo eché y caminé con él. Pero al caminar como cinco minutos, me dijo: "Hijo, llévame a casa; ya yo fui a la tuya". "Yo quiero ir a mi casa con usted", le contesté. Pero se opuso y regresé a su hogar nuevamente, donde le recosté en su lecho de descanso, no tardando en decirme: "Hijo, no quiero morir en este cuarto. Hazme un cuartito aparte para morir". Ya presentía el final de su vida en este mundo.

Se mandó a buscar a mi hermano Vicente, a mi cuñado Ramón Velázquez y unos nietos que vivían en Jayuya. Al día siguiente le preparaban el cuartito al lado de la cocina, pegado a su propio cuarto. Se le cambió de cuarto un martes, 23 de abril y el jueves, 24 del mes en curso me llamó y me dijo: "Cuida a tu mamá, a tu hermana menor Ramonita, y a Luis, tu hijo". En ese momento recordé aquella escena de Jesús, cuando entregó a su madre María a Juan, su apóstol querido. Le contesté: "Papá, tranquilo que yo me encargo de ellos".–

El día antes de morir, mi padre le dijo: "Papá, yo voy a descansar, he perdido varias noches, pero si me necesita, pida a Dios en oración que su ángel de la guarda me avise. Si se pone mal por la noche, que me llame y yo vendré rápido". "Pierde cuidado hijo, ve a descansar", le respondió.

—Rezamos el rosario y me fui a mi casa. Pido a quien lea esto que lo medite bien. Como a las diez de la noche, celoso, me acosté y puse mi ropa cerca de la cama para en caso de emergencia no tener problema. Como a las dos de la mañana escuché que me llamaron tres veces, no por mi nombre, sino que se me llamó: "Hermano, hermano, hermano".–

Él despertó y le dijo a su esposa: "Papá está mal". Cuando se levantó que iba de camino a la casa de sus padres, se encontró a su hijo Hipólito, que tenía como diez años, y que iba corriendo en su busca, ya que su papá estaba mal. Efectivamente, ya estando junto a él, lo encontró como desesperado, mientras le decía: "Ay, mi hijo, esos negros me quieren coger, míralos". Mi padre colocó el crucifijo Cheo debajo de su almohada y rezó la oración de San Miguel Arcángel y luego el Credo, quedándose dormido. Luego le indicó a su mamá, a su hermana Ramonita, y a Luis que se acostaran, que su papá no iba a despertar hasta el amanecer. El regresó a su hogar.

—Al día siguiente (primer viernes del mes), a las ocho de la mañana llegué para darle el desayuno. Encontrándose mi mamá lavando en el río, la llamé para que me diera el desayuno de papá, y cuando le miré se encontraba con el primer accidente de la muerte. Estuve todo el día con él. La casa estaba llena de amigos y familiares. Ya serían como las dos de la tarde, cuando intentaba hablar algo y no podía. Nadie lo entendía. Recuerdo que acerqué mi oído cerca de su boca y no podía entender lo que decía. Fue entonces que recordé cuan devoto era del Santísimo Sacramento. Cuando tenía salud, era su costumbre llevar a la iglesia una ofrenda para aceite. Le pregunté: "Papá, ¿usted debe algún aceite como promesa al Santísimo?" Movió su cabeza acertando que sí.

"¿Con la misa?", "¿de rodillas?", "¿cuánto?" "¿un dólar?". "No", señalaba con su cabeza moviéndola de su lado derecho al izquierdo. "¿Cincuenta centavos?". "Sí", respondía. "Tranquilo, que yo lo pago por usted". Se tranquilizó y a las ocho de la noche su alma abandonaba su cuerpo para unirse con Cristo, María y San Juan Evangelista en el cielo. ¿Por qué digo esto? Porque era devoto del Santísimo Sacramento e hizo las promesas al Sagrado Corazón de Jesús; que, según Santa Margarita María de Alacoque, se le apareció y le prometió que el que confesara y comulgara los primeros viernes de cada mes en su honor, le prometía, si moría el primer viernes de mes, no estar en el purgatorio y encontrar su nombre escrito en letra de oro en su corazón.–

Su papá murió el primer viernes de mes en el año 1956.

—Esto me confortó en su muerte. Y Cristo es la Verdad y no nos engaña.

Yo cumplí con lo prometido. Fui donde el padre José, le entregué el dinero para el aceite, asistí a la misa el domingo y la escuché hincado.–

Durante la semana en que hacía las novenas, él no podía olvidar la misa de mi abuelo y reconociendo que todas las misas son de valor infinito, reflexionaba que la del domingo era su deber; así que el lunes en la mañana asistió a misa escuchándola hincado, desapareciendo aquella inquietud en su interior, en su mente.

Mi abuelo tenía muchos amigos que le mandaban a celebrar misas, y llegó el momento en que le entregaban el dinero a padre José. Y en un momento dado el sacerdote le dijo a mi padre: "Juan, llévele ese dinero a su mamá para que se alimente, ya tu papá no necesita más misas; está en el cielo". ¡Qué alegría en aquel momento escuchar decir de los labios del sacerdote aquellas palabras!, conociendo yo bien quién era padre José. Al instante, mi pensamiento se ofuscó en lo que mi mismo padre decía: "Habló el sacerdote, habló Cristo". Yo le entregué el dinero a mi mamá.–

Al día siguiente de haber terminado las novenas, recibió un telegrama para que se reportara a la parroquia San Antonio de Padua en Isabela. Estando aquí el párroco, padre Valentín, quiso llevarle en su jeep al barrio donde se dedicaría a predicar. Quedaba a kilómetros del pueblo y el camino era bastante solitario. Al comenzar a dejar la ciudad se podía observar la frialdad en aquel ambiente, pese a la belleza de los árboles y las montañas.

Pocos minutos después, el jeep se detuvo ante una casa, que por su construcción se observaba era cómoda, amplia y estaba en muy buenas condiciones. Entraron allí siendo recibidos por el señor de la casa. Luego de conocerse, estuvieron dialogando sobre diferentes temas e intercambiando impresiones por un lapso de media hora, tiempo durante el cual no se había visto a la dueña de la casa. En cambio, sí se sentía y se respiraba una atmósfera de tensión y suspenso.

Una vez padre Valentín se marchó (aquel señor que también era llamado Valentín), le señaló a mi padre que se encaminarían al lugar donde él dormiría. Al decir esto, comenzó a cerrar las puertas de su casa como quien no quiere dejar escapar un pájaro de su jaula.

Conducía su jeep por una finca completamente solitaria. Sólo estaba rodeada de árboles, sombras húmedas y el verde oscuro, propio de las ramas de los árboles.

Al cabo de unos minutos entraron a una casa que, según había observado, era pequeña, vieja, y estaba abandonada. Solo tenía como adorno una pequeña bombilla y una cama en un cuarto sin ventana. Frente a esta había una pluma de agua. Ya mi padre comenzaba a percibir que algo pasaba en la vida de aquel señor. Por sus actitudes un poco raras, definitivamente su intuición no le podía fallar.

Esa misma tarde, luego de que él le sirviera la comida, lo llevó al lugar donde se celebraría la misión; apenas asistieron diez personas. Luego de haberle entregado un poco de café, aquel señor lo transportó a la pequeña casa situada finca adentro. Recuerda que se pasó mirando las fotos del sepelio de su papá que había llevado consigo. Aunque no pudo dormir esa noche, su alma rebosaba de alegría. Después de todo, allí, en la soledad de aquella pequeña casa y en un barrio donde no conocía a nadie, sabía que Dios y María Santísima le acompañaban.

A las cinco de la madrugada alguien tocaba a la puerta. Extrañado, se cuestionaba quién podría ser a esa hora de la madrugada. Al abrir la puerta vio que era Valentín que le llevaba un poco de café negro. Pero sin mencionar más palabra, inmediatamente dio la vuelta, marchándose para regresar a buscarlo más tarde. Llegó a las ocho de la mañana. Mi padre se dio a la tarea de visitar un par de hogares. El señor Valentín había quedado en que lo llevaría a su casa para almorzar.

En cada acción de aquella persona se podía observar una preocupación extraña que acentuaba su forma de proceder. Detrás de su amabilidad había algo escondido. Sin vacilar y convencido de sus intuiciones, por voluntad propia, buscó hospedaje en otro lugar más accesible.

A la siguiente semana se dedicó a visitar los hogares, acompañado por un muchacho joven. El sol estaba radiante, sumamente caliente; tal parecía que con sus rayos encendía las rocas encontradas por el camino. Los árboles parecían estar muertos. En ellos no se observaba ni el más mínimo intento de mover sus ramas y refrescar el ambiente. El sintió sed. No habiendo hogares cerca donde pudiera pedir agua y saciarla, el muchacho lo llevó a un canal de agua que estaba próximo. La corriente era fuerte y el agua se veía cristalina. Sin vacilar, arrancó una hoja de malanga, planta netamente tropical, y uniéndola de tal forma hasta formar con ella un embudo, pudo tomar agua. Mientras se refrescaba, aquel muchacho replicó ingenuamente: "En Plana, cuando matan a una persona la echan por este canal y la encuentran podrida en la planta". "¡Ay, mi Dios amado!", pensó mi padre. Faltó poco para que cayera desplomado al suelo. Debo hacer la observación de que mi padre era muy delicado de su estómago. Bastó escuchar aquel comentario ingenuo para que se sintiera indispuesto.

Al llegar a la carretera fue alcanzado por un muchacho de unos once años. Según él, había una persona que deseaba hablarle; por lo que juntos se encaminaron al lugar. El físico y las expresiones de aquella mujer eran símbolo del sufrimiento interno que le embargaba por años. Ella, muy apenada, se disculpó con él, ya que no había logrado poder atenderle como debía hacerlo. Aquella mujer era la esposa de aquel señor Valentín, que por celos no le dejaba tener la libertad que merecía. Luego de que fuese confortada, mi padre se marchó prosiguiendo sus visitas.

Las misiones fueron un gran éxito. Aunque él terminó enfermo de su estómago, para la gloria de Dios, llevaba consigo el fruto del éxito cosechado. El número de conversiones continuaba creciendo. Padre Valentín estaba muy contento. Ahora se encaminaban al barrio Plana. Mientras se dirigían al lugar, le comentaba que en ese barrio le iban a matar. Mi padre sonrió y exclamó: "¡Padre del cielo!" Entonces le solicitó que no se acercara al lugar. Mientras transcurría el tiempo, el párroco le describió el lugar donde habría de presentarse: "Cuando usted llegue a la llanura, se encontrará con un negocio. Frente a este verá un panteón. Al lado abajo verá una casa de madera techada de zinc. Encamínese allí y pregunte si es el hogar para la misión".

El carro se detuvo a unos quince minutos del lugar. Luego de recibir la bendición, se bajó de éste y caminó lentamente hasta llegar al lugar descrito. Jamás hubiera imaginado el panorama que se encontraría. Frente al lugar había una jugada de dardos precedida por unos veinte hombres. Entre ellos, había además muchachos adolescentes y algunos de menos edad. Aunque un poco asustado, al pasar frente a ellos les saludó y al ver el panteón se dirigió a la casa descrita por el párroco.

Inmediatamente vio que frente a la puerta había un señor de cabello largo, muy alto y delgado. Luego de saludar, presentarse y explicarle que él era el hermano que llevaría a cabo la misión, le mandaron a entrar.

La familia era muy humilde, decente, y aunque él estaba muy mal del estómago, se sentaron a la mesa disfrutando así de una taza de café. A través de la ventana se podía ver el mundo que vivían aquellas personas. Había dos grupos: uno de jóvenes y otro de adultos. ¡Qué lejano aquel mundo de este mundo! Me imagino que mi padre recordaría las palabras de Jesús: "Fíjense que los envío como ovejas en medio de lobos". (Mt 10, 16) "Vayan primero en busca de las ovejas perdidas". (Mt 10, 6)

A eso de las cuatro de la tarde se excusó con la familia. Con un poco de recelo, se acercó a los jóvenes y con gran cordialidad comenzó a interactuar con ellos. Cuando ya había visto que se había ganado su confianza, les preguntó: "¿Dónde viven?". Él dirigía su miraba hacia los diferentes puntos señalados por ellos. Su mirada se detuvo en una línea formada por treinta y cinco cruces que estaba cerca del patio. Asombrado preguntó: "¿Y esas cruces?". Los muchachos con gran naturalidad respondieron: "Son personas que matan aquí en el barrio y luego les entierran". ¿Y sus padres?, continuaba interrogándoles. Entonces supo que aquéllos que jugaban dardos eran sus progenitores. Finalmente, terminó invitándoles a la misión que daría inicio a las siete de la noche.

Llegado el ocaso, se acercaba la hora de la predicación. Mi padre meditaba: "Dios mío, la vida del misionero no es fácil, con mi dolor estomacal, ronco, con la preocupación de lo que le había dicho el sacerdote, tratando de descifrar cómo hacer y dónde tratar de ubicarse durante la misión". Su mirada se detuvo en la imagen de María Santísima y levantando sus ojos al cielo, rogó para que fuese iluminando y ver qué podría hacer.

Ya comenzaba a llegar gente, cuando se dispuso a colocar una mesa frente a la ventana donde pondría la imagen de María y así sirviera de altar. Como observaba que en aquella casa continuaba entrando gente, solicitó una silla para apoyar sus manos y así, en caso de peligro, defenderse con la misma, pues como dice el refrán: "A Dios rogando y con el mazo dando".

A las siete de la noche, la casa estaba llena de personas adultas, jóvenes y niños. Mi padre, muy amigo de entonar canciones, les invitó a cantar, y cantando se calentaron sus cuerdas vocales. Le precedió el Ángelus, y así, entregado en las manos de Dios y de María Santísima, su abogada, comenzó la plática y luego la predicación. Adiós ronquera, adiós dolor. Mi padre sentía que hacían meses que no predicaba. Mientras, observaba en el público a un hombre alto, algo robusto y colorao que lo miraba absorto. Había tanto interés en él que la predicación se extendió por horas. Dios los había movido a poner toda la atención en el mensaje predicado aquella noche. Aquel señor no desviaba los ojos de mi padre. Ya finalizada ésta, aquel señor le interrogaba: "Óigame, hermano, ¿cómo es posible que usted, que casi no se le podía entender cuando hablaba debido a su ronquera, y que de repente rompía los tímpanos con su voz, ahora vuelva a estar ronco? Aquel hombre sin esperar respuesta continuaba interrogándole: "¿Podría usted explicarme un poco más sobre el quinto mandamiento?" Y en un lenguaje sencillo, común, pero profundo, la luz de aquellas contestaciones dadas iluminaba los allí presentes. Y con aquella luz comenzaban a germinar las conversiones en cada uno de ellos. El Espíritu Santo había obrado una vez más, cumpliéndose las palabras del apóstol San Mateo: "no se preocupen de cómo vayan a hablar..., no serán ustedes los que hablarán, sino el Espíritu Santo de su Padre el que hablará en ustedes. (Mt 10, 19-20)

Ya eran las once de la noche cuando mi padre les preguntó: "¿Ustedes tienen que trabajar mañana? "¡Sí!", respondieron a coro. "Pues váyanse que yo estoy cansado. Vayan a dormir y regresen mañana". A las doce ya se estaba echando un buen baño para luego entregarse al sueño.

Indiscutiblemente, el Espíritu Santo se había manifestado como el abogado enérgicamente motivando, transmitiendo y propagando el testimonio de Cristo y de su evangelio. El Espíritu Santo le había dado la sabiduría para transmitir el mensaje y la fuerza de ser testigo de Cristo.

Al día siguiente, lunes, salió con dos de los hijos de la familia donde se estaba hospedando para visitar hogares. Llegaron a un hogar de dos plantas. El dueño estaba parado en el balcón de su casa. Al lado había un árbol de mangó y los muchachos, jóvenes al fin y queriendo saborearlos, comenzaron a tirarle con piedras. "Hermanos, si el señor quiere pueden cogerlos mejor y así no tumban los verdes", les indicaba. "Eso mismo estaba pensando yo", contestó aquel señor. Cogieron un par, y en el camino uno de los muchachos sacó de su pecho un puñal como de diez pulgadas. Mi padre, sorprendido, le dijo: "Muchacho, ¿para qué cargas con eso?". "Hermano, usted se cree que está en el cielo. Usted no sabe dónde se encuentra. Si alguien le ataca, ¿con qué le vamos a defender?", le contestó. "No, nada a va a suceder". Allí estuvo quince días.

La misión había comenzado un 20 de abril y finalizó un 20 de mayo: Día de la Santa Cruz. Padre Valentín no se había presentado, sino hasta el 3 de mayo a eso de las ocho de la mañana. Habían llegado otros tres sacerdotes para celebrar la festividad de la Santa Cruz. Como había mucha gente, los tres estuvieron haciendo confesiones. Al mediodía se había dado inicio de la santa misa, y al llegar el momento de la Santa Comunión mi padre confesó que se había asustado, ya que muchos de los que pasaban a comulgar se sacaban la comunión de la boca tomándolas en sus manos y la miraban.

—Cuánta ignorancia había en aquellos hombres y mujeres, aunque no en todos. Me parece que aún hay mucha ignorancia en nuestros tiempos. Se conoce muy poco a Cristo en el sacramento de la Eucaristía.–

Cuando la epidemia de la viruela brava, y por ser muchos los que morían en ese barrio, eran enterrados en un panteón que habían preparado clandestinamente. Para esos tiempos, en memoria de ese día se daban cita los días 3 de cada mayo. Cada comunidad de los diferentes sectores salía rezando el rosario en rogativa hasta llegar al cementerio ya citado. Cuando una de las comunidades llegaba a la mitad del camino, salía la otra comunidad de la misma manera hasta lograr así unirse, y porque había una tienda frente al panteón, otros salían dándose el palo de licor. El dueño de la tienda, no importándole nada, les seguía vendiendo licor, naturalmente. Allí toda la comunidad ofrecía los rosarios del 3 de mayo a la Santa Cruz, y al llegar la tarde ya no eran fiestas del rosario; era una fiesta de borrachos, surgiendo como consecuencia las peleas y las muertes a puñaladas. De ahí las treinta y cinco cruces que había contado anteriormente. En el año 1936, la iglesia, al darse cuenta, quiso ir poco a poco cristianizando aquellas fiestas paganas que celebraba aquella comunidad.

Después de un mes regresaba a su hogar para descansar, con diez de quince dólares que le había regalado la parroquia para comprar alimentos para la familia, que ya eran de cinco miembros.

—Esa era la cantidad de dinero que se acostumbraba a dar para gastos personales y traer algo a la casa. A mí, personalmente, no me gustaba estar pendiente de dinero, pues ya se dijo anteriormente: "Si vienes a buscar, aquí no hay nada".–

La vida misionera y la vida familiar se estaban complicando. Siendo las condiciones en que vivíamos muy pobres, había mucha necesidad y la situación económica era muy fuerte. Era una realidad dolorosa el sufrir las consecuencias de la pobreza que existía. Así continuó mi padre relatándome:

—Llegó el momento en que los nenes iban creciendo y no podían dormir juntos. El techo de la casa era de zinc viejo y cuando llovía se mojaban las camas. Recuerdo que una noche, luego de haber asistido a una misión en la isla, ya de regreso a la casa, hubo una lluvia tan fuerte que mi esposa y yo nos amanecimos con los nenes, mudando las camas de un lado para otro. Al día siguiente, dispuesto a solucionar el problema, salí al barrio Mameyes, hablé a las familias conocidas, pidiéndoles una plancha de zinc de nueve pies que costaban tres dólares para aquellos tiempos. Ya para las tres de la tarde me faltaban seis para completar el techo. Fui a la residencia de Santos Rosario, tomándonos un café le expliqué mi problema. Me preguntó: "¿Cuántas le faltan?" "Seis", le respondí. "No tiene que andar más. Yo le voy a dar las que le faltan". Al día siguiente fui y compré el material que me faltaba y así arreglé mi casa.

Del año 1955 al 1957 fueron unos de grandes pruebas. Yo iba metiéndome en deudas y luego me sentía ajorado. Pero como decía San Agustín: "Quien no ha tenido tribulaciones que soportar, es que no ha comenzado a ser cristiano de verdad".

En junio de 1955, el hogar estaba en un estado de miseria indescriptible. No encontraba qué hacer. Fue entonces cuando mi hermano Ventura emigró para Florida y sabiendo de mi situación, me regaló su casa. Para entonces, el valor de una casa era de cuatrocientos dólares, pero había reglas, y si no eras el dueño no podías vivir en esa casa o parcela. Se habló con los miembros del Comité de las Parcelas: Sr. Sicario Andújar, Sr. Félix Hernández y el Sr. Manuel González, ingeniero. El señor Hernández me trajo los papeles y luego firmó la Sra. María Santiago (no recuerdo su puesto). Me entregaron los documentos y las escrituras por quince días. Luego de este período de tiempo debía firmar una persona que me conociera, para así ellos proceder a pasar la parcela a mi nombre. El 5 de junio pasaba a vivir a la casa. Yo continuaba predicando por pueblos y campos.

Recuerdo que fui a Peñuelas, donde conseguí semillas de gandules, maíz y calabaza para dedicarme a sembrar de nuevo. Perdí la calabaza y el maíz, pero logré el gandul. En eso el hijo mayor había sufrido un accidente y tuve que llevarlo al hospital a hombros. Al día siguiente llegué del trabajo a la una de la tarde; aún no había almorzado. En eso me llamó mi esposa indicándome que me esperaba un ingeniero del gobierno, que decía era enviado por el gobernador. Ya estando reunido con él, me preguntó que quién vivía en la parcela: "Juan A. Figueroa Hernández", le contesté.–

Mostrándole las escrituras de la parcela, le dijo: "No, señor, quien vive aquí es Ventura Figueroa. Debe irse inmediatamente de esta propiedad".

—Yo pensé: pobre, con deudas, con hambre, porque a decir verdad no había qué comer en la casa, y ahora esto. Miré. señor, le respondí, usted dice que es enviado por el señor Muñoz Marín". "Sí, señor", me contestó. Dígame, ¿estamos viviendo en una democracia o en una república? "No, en una democracia, me contestó.–

Y con tono autoritario y malhumorado mi padre le recalcó:

—No, creo que es una monocracia. Oiga esto que le voy a decir: "Tengo tres hijos, mi esposa y yo; somos cinco. Yo no tengo donde ir con mi familia. No puedo coger lo que tengo, ponerlo debajo de esa hamaca, que tenemos para cruzar del río y dormir debajo de ella.

¿Conoce usted las leyes de la democracia? ¿Sabe lo que vale un seguro de hogar en momentos de emergencia? Quinientos dólares. ¿Los tiene usted en sus bolsillos?", le preguntaba enfurecido. "No", me contestaba el ingeniero. "Pues en estos momentos como me encuentro, ni el gobierno, ni la policía me sacan de esta casa; sólo muerto. Y si usted no tiene los quinientos dólares, para donde tiene la espalda ponga la cara. No respondo de mí mismo en estos momentos". El señor se alejó y nunca más supe de él. Luego supe, que como estaba en la iglesia, se me había hecho una mala jugada con las escrituras. Lo único que podía recordar eran las palabras del hermano Carlos: "Perseguido serás hasta la tumba". Del ingeniero nunca más volví a saber. No queriendo vivir del sudor ajeno, y teniendo grabadas las palabras de San Pablo: "El que no trabaje, que no coma", continué trabajando en la agricultura. Gracias a Dios, todo me salía contrario a lo que debía ser; por lo que decía: "Hágase tu voluntad". No sólo en las alegrías debemos de dar gracias a Dios, sino también en el dolor.–

Las deudas obligaron a mi padre a solicitar permiso al director de la Congregación Chea para ir a trabajar a los Estados Unidos. No le fue concedido. Siendo la crisis económica muy fuerte, solicitó entonces entregar su credencial que le identificaba como Hermano Cheo por seis meses, y tampoco le fue aceptado. "Yo no puedo coger tu credencial. No me atrevo a aceptarla porque fue Jesús quien te escogió para esa misión. Vete al sagrario que está en la capilla y dile a Jesús que se equivocó contigo y se lo dejas allí", le contestó. "Monseñor, jamás, no me atrevo", contestaba. Finalmente, Monseñor le aclaró: "Pues si tú no te atreves, menos me atrevo yo. Ve y dedícate a la agricultura un tiempo y misionas como puedas".

Para este mismo tiempo se fue al barrio Saliente, donde se había dedicado a sembrar tomates, con tan mala suerte que todo fue perdido. No cultivó nada; sólo un alma que ayudó a irse al cielo.

—Estando, aterrando tomates a las nueve de la mañana, sentí algo en mi interior que me decía: "Vete".–

Salió del monte a caballo y a las nueve y media llegó a su casa. "Abad, te está llamando don Chilo", le dijo mi madre. Don Chilo era su vecino. Estaba enfermo y como a las ocho y media se encontraba en estado de gravedad.

—Él era evangélico, pero era una persona buena con nosotros. Vivía pobremente. Al escuchar las palabras de mi esposa, inmediatamente corrí donde él y me dijo: "Don Abad, tráigame al sacerdote".–

De inmediato montó su caballo, dirigiéndose a la parroquia y regresando con padre Francisco, quien le confesó. En la tarde murió. "La caridad es una de las tres virtudes teologales infundidas por Dios en nuestra alma el día de nuestro bautizo. Siendo la tercera virtud, "es la virtud teologal más importante y es superior a cualquier otra virtud". (1Co 13, 13) Y aquel hombre no podía morir sin los sacramentos. De aquí esta frase:

Sé que voy a morir, mas no sé cuándo.
Sé que voy a morir, mas no sé dónde.
Sé que voy a morir, mas no sé cómo.

Lo cierto es que, si muero en gracia de Dios,
Soy el hombre más feliz del mundo.

—Don Chilo fue uno de estos hombres. Supo preparar su camino en el último momento de su vida. Yo no perdía las esperanzas. Por eso en nuestras oraciones pidamos por la conversión de los pecadores.

Yo continúe con mi vida misionera y cumpliendo con mi obligación. Tu madre y yo seguimos con la cruz aceptando los sufrimientos, especialmente tu madre que era quien más estaba cerca de aquellas necesidades. ¡Sólo Dios sabe! Aquí tengo que hacer un paréntesis y señalar las palabras de mi madre referentes a la observación de mi padre. Dijo ella: "Hemos sufrido mucho por la situación económica cuando teníamos los nenes, pero era conforme a la voluntad de Dios. Me siento colaboradora de esta hermosa misión; solo me preocupa su salud, pero no me opongo a la voluntad de Dios, tengo que ser fiel como María Santísima".

Mi padre prosiguió con su relato. En la parcela de este señor sembré más tomates. Recuerdo, con pena en mi alma, que una mañana me levanté y me fui a amarrar tomates, sin haberme tomado un trago de café porque no había. A las once sentí dolor de estómago regresando a la casa. Le pregunté a mi esposa si había algo de comer. "Sí, siéntate", contestó ella. A mi lado estaban mis hijos mayores Juan e Iris. Mi esposa me sirvió tres pedazos de guineos, porque no había nada más. Los nenes ya habían comido cada uno el suyo, pero escuché cuando le preguntaban a su mamá: "Mami, ¿no hay más?" Aquella pregunta me hirió el corazón. Verdaderamente, "las lágrimas son la sangre del alma", y sólo Dios sabía del dolor en mi alma a raíz de aquellas expresiones. Yo partí aquellos tres guineos, lo que sería mi almuerzo, dándoselos a comer. Me levanté sin hablar. Me di un baño y salí. Mi corazón no cabía en mi pecho.

Pensé ir al Sagrario, pero para entrar debía de tener llave, por lo que debía ir primero a la casa parroquial. Pero "alguien" iba guiando mis pasos y llegué a la iglesia; estaba abierta. Fui directo al Sagrario. Después de un día de varios sufrimientos, de miseria y hambre... ¡qué mejor lugar donde ir, sino al tabernáculo! –

Allí, en actitud de contemplación se identificó con el padre ante la desesperación que vivía y habló con Jesús, así:

—Buenos días, Jesús, ¿cómo estás? Aquí estoy para hablarte como que eres Dios, hombre y amigo. Un día me llamaste, yo te escuché. Hoy yo quiero hablarte; espero que me oigas. Mis hijos tienen hambre y yo no tengo nada que ofrecerles. Respóndeme, Jesús, si quieres. ¡Tú puedes! Era tanto el dolor que había ocultado delante de mi esposa que en ese instante comencé a llorar."–

Y Dios que examina los corazones, sabe que es lo que el Espíritu quiere decir, porque el Espíritu ruega, conforme a la voluntad de Dios por los que le pertenecen. (Rom 8,27) Y en aquella comunicación interna, íntegra, Dios comprendía su petición.

—En aquel momento entraba a la sacristía el padre José, párroco. ¿Qué fue a hacer? No lo sé. Lo que sí sé fue que sentí deseos de hablarle. Siempre llevaba una libretita en mi bolsillo con un lápiz, y escribí: "Padre, mis hijos tienen hambre". Cuando pasó, le entregué el papelito. Él fue hasta la puerta y regresó donde mí, indicándome que pasara por la oficina. Yo tenía prisa. Estuve un minuto más ante el Sagrario. Me levanté y al llegar a la puerta de entrada, era mi costumbre pararme un momento frente al altar para una vez más hacer reverencia, y luego salía.

En la plaza estaba un señor parado mirando hacia la iglesia. Me llamó diciéndome: "Hermano Abad, venga que lo estoy esperando". Fui donde él y le dije: "¿En qué puedo servirle?" "No, soy yo el que tengo que servirle a usted. Van tres días que estoy viniendo al pueblo a ver si lo veía. Alguien me dijo que estaba aquí". Y sacando un pequeño sobre amarillo lo puso en el bolsillo de mi camisa. "Tenga que me voy. Se me puede mojar el café que tengo secando". Pidió la bendición marchándose. Confieso que estaba un poco nervioso sin saber qué podía haber en el mismo. Por poco caigo al piso. En el sobre había veinticinco dólares.–

Sorprendido, nuevamente fue ante al tabernáculo ya que estaba seguro de que Jesús había escuchado mis lamentos y recogido mis preocupaciones; mi carga la había hecho suya. Allí arrodillado y con gran reverencia agradecía a Jesús el milagro surgido de sus manos, recordando sus palabras: "Pedid y recibiréis, buscad y hallarán. Llamad y se les abrirá, porque todo el que pide, y el que busca, halla; y al que llama, se le abrirá". (Lc 11, 9) (Mt 7, 7) En el Sagrario está el Señor, Cristo Jesús vivo", señaló lleno de fe.

—Pensé no ir donde el padre, pero le estaba esperando. "Buenos días, padre", le saludé. "Buenos días, Juan", me contestó. "Padre, olvídese de lo que le dije, ya conseguí". "No, Juan, ¿porque si tú estás predicando en la parroquia, no vienes donde mí?", me cuestionó. "Padre, yo no estoy para eso. Si lo hice hoy, fue porque me vi obligado".–

El padre le dio veinticinco dólares más. Fue así como Jesús contestó a su petición, regresando a su casa con los alimentos necesarios.

Una vez más, echado en brazos de su amiga inseparable, María Santísima, pudo sobrellevar los momentos más amargos de su vida demostrando así su fidelidad a la llamada de Dios.

—Yo continuaba luchando por la vida y con el cumplimiento de mi obligación. No sabía lo que me esperaba en la vida como misionero seglar. Por la gracia de Dios, había puesto las manos en el arado para no mirar atrás.–

A los pocos meses, para este mismo año de 1956, le llamaron por tercera vez para que fuese a predicar al pueblo de Isabela por una semana. Una vez se reportó a la parroquia, a eso de las once de la mañana, el padre Valentín lo llevó a la casa donde almorzaría. El padre le presentó a la señora que, por su manera de comportarse y expresarse, mi padre había observado que no era católica. En ese preciso instante comenzó a discutir con el sacerdote, defendiendo sus principios espiritistas. Ella le señalaba: "Padre, yo tengo mi evangelio. Yo soy espiritista".–

Fue entonces cuando mi padre interrumpió la discusión señalando: "Padre, yo vengo para una misión y me resta camino que andar y es tarde; vámonos". Ambos bajaron al camino y el padre, preocupado, le preguntaba: "Hermano, ¿dónde va a almorzar?" "Padre, olvídese del almuerzo. Solo écheme la bendición. Váyase tranquilo a su casa y nos vemos en la noche donde se vaya a celebrar la misión", le comentaba.

Agarró su maleta y continuó su camino. Comentaba que la gente que lo veía pasar, le cerraban las puertas. Sólo pudo invitar a la misión a unas cuantas familias. Llegó el momento en que se sintió perdido al final del camino, encontrándose en un pequeño bosquecito. Eran como las doce del mediodía. Continuó caminado hasta llegar a un pequeño llano cubierto de grama. Pensó que posiblemente era un espacio de un hogar en tiempos pasados. Había muchos árboles de corazones y se veían maduros. Optó por sentarse, colocando la maleta a su lado. Recordando la pasión de Cristo, rezó el Ángelus a la Santísima Virgen. Luego que descansó unos minutos, se dispuso a ver si encontraba uno que otro corazón maduro, ya que tenía hambre. Para mayor suerte, todos estaban verdes. Tomó la maleta y el gabán, y esparciendo la yerba de lado a lado encontró el camino principal. No tardó en divisar un hogar, al cual se dirigió inmediatamente. Prototipo de la gente de campo, había un señor trabajando el tabaco; se encontraba este sobre un andamio. Cuando le saludó, este bajó a su encuentro, indicándole a su esposa: "Amarra el perro que aquí está un señor". Después de saludar, mi padre le replicó: "Hermano, véndame una taza de café que tengo hambre". "Como no, venga". A decir verdad, aquel café estaba preparado. Mientras lo tomaba, le explicaba cuál era el motivo de la visita al pueblo. El señor le escuchaba atentamente. Finalmente, le pidió que le explicara cómo podía llegar a la capilla del barrio Arena, y que le indicara cuánto era la taza de café. El señor le indicó: "No, siéntese que le están preparando almuerzo". Al poco rato le servían de comer. Conversaron un poco más, y finalmente listo para marcharse, le preguntó: "¿Cuánto le debo?" Aquel señor humildemente, le decía: "No es nada". "Les debo las gracias". Salió muy agradecido de aquellas personas, encaminándose a la capilla en el barrio Arena, después que le indicaran cómo llegar.

Para la gloria de Dios, a eso de las tres de la tarde llegaba a la capilla. Mi padre desconocía lo que le esperaba aquel santo día.

Cuando se dirigía a la casa de la misión donde predicaría, faltando unos veinte minutos para llegar, se encontró con un negocio, típico de aquellos tiempos, en que cuando tú compras tienes que quedarte a la parte de afuera del mismo. Estando frente al negocio, se detuvo para preguntar y asegurarse bien del lugar donde se dirigía.

—Por cierto, aquella persona a quien le pregunté me habló mal del sacerdote.–

Y defendiendo su punto de vista al respecto, llegaron a su encuentro dos señores que salían de cortar caña. El observó cómo el dueño del negocio palideció. Uno de estos preguntó: "¿Tiene cigarrillos?" Como no tenía, y siendo mi padre un fumador, le ofreció uno de los suyos, a lo que el señor le señaló: "No, los suyos no los quiero". Y sin reservas de ninguna clase, comenzó a maldecir el nombre de Dios, mientras levantando el machete, cortaba los espeques que había alrededor, de lado a lado. Estaba como loco. Blasfemaba una y otra vez. Su compañero se había ido. Mi padre, estando en oración, se había echado a los brazos de María Santísima, su fiel abogada. Finalmente, aquel señor señaló: "Me voy, no quiero tumbarle la cabeza a nadie". Y blasfemando se alejaba del lugar. El dueño del negocio, que había estado mudo y pálido, con su rostro ensombrecido, replicó: "Señor, ¡usted tiene un santo en el cielo! Yo esperaba que usted estuviese hecho pedazos. Ese hombre hace apenas quince días que salió de la cárcel por haberle causado unas cuantas heridas a su madre". Entonces mi padre le señaló: "No sólo tengo un santo en el cielo, también tengo a mi padre, que hace muy poco murió, y mi Santísima Madre que velan por mí".

La misión programada fue todo un éxito espiritual para todos los que allí acudieron. El siempre recordaba las palabras del hermano Carlos Torres: "Perseguido serás hasta la tumba". Pero se refugiaba en la meditación de aquel niño que, a la edad de cinco años, estando en plena tempestad en alta mar, dijo: "Madre, tengo miedo y se echaba en los brazos de la madre".

—Eso hice yo aquella tarde. Con temor, me eché a los brazos de mi Madre Santísima, la Virgen María.–

Luego de esta misión, fue enviado por el presidente al pueblo de Salinas, Parroquia Nuestra Señora de la Monserrate, por un mes. Para su sorpresa, el párroco de era el padre José Torres, "el padrecito que me dio el cocotazo cuando apenas tenía dieciocho o diecinueve años en la parroquia de Jayuya". Señaló el haberlo reconocido inmediatamente. El padre estaba bien contento. Fueron a almorzar, y allí le hizo recordar el incidente, haciéndole ver que les había castigado injustamente a él y a su hermano. "Padre, a propósito, ¿recuerda cuando fue párroco en Jayuya?" "Sí", le contestó entusiasmado. "¿Recuerda cuando en una ocasión arreglaba el altar una mañana a eso de seis a siete? Estaba un señor con dos muchachos a su lado, sentados en la segunda banca del frente. Detrás de ellos, había dos muchachas hablando. Usted nos miraba y cuando terminó, bajó y sin preguntar nos dio un cocotazo. Todo porque en la iglesia no se hablaba, ya que es casa de oración". Pensó unos segundos, respondiendo: "Sí, recuerdo muy bien". "Uno de aquellos muchachos era yo, y usted nos castigó injustamente".

Luego de que se rieran un buen rato, se encaminaron a las parcelas Vázquez de Salinas y al barrio Plena.

Su asignación fue la de visitar los hogares y, en caso de encontrar familias que no se habían casado, llenarles boletas para el matrimonio. Su período de trabajo era de ocho de la mañana a cuatro de la tarde. Luego tendría que regresar caminando hasta el lugar donde se hospedaba, y para las seis de la tarde organizar la procesión con la imagen de la Virgen hasta la capilla, que estaba a un kilómetro de distancia. Luego de la misión, debía regresar de nuevo caminando hasta donde se hospedaba. Independientemente de su asignación, tenía que cumplir con la tarea personal de lavar su ropa, lo que implicaba que tenía que sacar un tiempo para bajar al río, lavarla y secarla sobre las piedras. "Dios sabe las razones por las que tenía que hacer esto. Yo estoy para perdonar, no para condenar", señaló.

Un día salió. Para entonces usaba gabán. Luego de este incidente no volvió a usarlo jamás. Sucede que llegó donde una familia a eso de las once y media de la mañana. El señor, dueño de la casa, estaba amolando un machete y su esposa cocinando una calabaza que recién la echaba a la olla. Él se sentía con hambre y pensó: "De esa calabaza como yo, si Dios quiere".

Hablaba y hablaba con ellos, y la calabaza hervía y hervía y no terminaba de cocinarse.

—Creo que se había convertido en piedra, pensaba. Fue cuando observé que ella apagaba la candela y su esposo dejaba de agitar el fuego, hasta que les pregunté: "Díganme, hermanos, ¿eso que se está cocinando es calabaza o son piedras? Yo estoy esperando y hasta que no coma de esa calabaza no me voy". A lo que le respondieron: "Es que no hay otra cosa y nosotros nos abochornamos porque, ni bacalao tenemos". Les eché una broma: "Para comer calabaza no hay que tener bacalao, sólo tener hambre y la boca sana. Yo soy pobre como ustedes, conozco la vida del pobre y vivo con la pobreza, no con la miseria que Dios la reprocha".–

"Sí, es así, suba", le contestaron.

—¡Gloria a Dios y a la Virgen María! Aquello no era calabaza, era maná del que Dios hizo caer en el desierto a su pueblo peregrino, y peregrino era yo en ese momento. Me sirvieron tres pedazos y no quería ver cuándo se me terminaban. Aquella pareja terminó casándose.

Soy pecador, soy hombre humilde, pero con aquel acto de humildad me gané aquellos dos corazones para Dios; ya que estaban sin casarse y en la última semana de la misión se casaron. Gracias, Señor, por tantos dones y bendiciones recibidos. De aquí salía para visitar a otros hogares. Tres días antes de finalizar la misión, aún me faltaban cuatro aéreas para terminar la parcela.–

En una de sus tantas visitas fue aconsejado que no visitara una casa donde habían estado anteriormente cuatro hermanos Cheos. Vivía en ella un señor que, según comentaban, era más duro que una piedra. Por responsabilidad propia, mi padre se dirigió allí. Mientras se encaminaba al hogar, pedía a Dios y a María Santísima que fueran ellos quienes hablaran, que se dejaran sentir a través de sus palabras.

Al fondo de aquel camino se observa un señor alto, de tez oscura, sin camisa. Estaba sentado en un banco de madera a la luz del sol. Era muy temprano en la mañana. Al llegar: "Buenos días", saludó mi padre. "Buenos días", contestó el señor. Pero Dios le hizo saber que tenía hambre, y quien tiene hambre no se le puede hablar de Dios. "Dígame señor, ¿tiene café que me regale un poquito?", mi padre le interrogó. Y con tono grotesco le contestó: "A esta hora yo no lo he tomado porque no hay". Mi padre contaba con un dólar y veinticinco centavos, por lo que le pidió que enviara a alguien a la tienda para que comprara. De aquel hogar salió un muchacho joven que, muy veloz, fue en busca de café, azúcar y pan.

A su llegada, les acompañaba tomando sólo café, ya que se había desayunado. Estuvo largas horas hablándole y, finalmente, ya listo para partir señaló: "Oiga esto que le voy a decir. Cristo lo ha visitado cuatro veces, y con esta la quinta vez. Usted le ha dicho que no. Tenga cuidado". Al levantarse de su asiento para marcharse, el señor se le acercó y con gran exaltación le dijo: "¡No!, siéntese que usted ha hecho como el gallo tapao, que cuando el otro le va a picar se esconde bajo sus alas". Mi padre pensó que éste le daría una paliza. Desconocía que detrás de la rudeza de aquel señor se escondía un alma noble. Entonces llamó a su esposa y a sus hijos que vivían allí, señalando que se casarían todos. Hubo catorce parejas que recibieron el santo sacramento del matrimonio.

Él prosiguió su camino y en cada misión sentía cómo del cielo bajaban miles de bendiciones por medio de las conversiones. No se cansaba de repetir: "Gracias Señor por tantas gracias recibidas de tus manos. Gracias, Madre Santísima, por tu protección y misericordia".

Pero Satanás no estaba nada de contento. No podía aceptar que él continuara firme para salir a anunciar el mensaje de la "Buena Nueva". Bien lo sostenía el padre Amorth: "Mucho más le da rabia al demonio si se predica, porque la fe nace de la Palabra de Dios".

Después de aquella semana de arduo trabajo, llegaba a su casa muy cansado y rendido, por lo que a las seis se rezó el rosario en familia. Recuerda que le había dicho a su esposa, que si estaba dormido no le despertara para tomar café, lo cual acostumbra a hacer durante las noches. Así que se dirigió a su cuarto, hizo sus oraciones personales antes de acostarse y, como era su costumbre, colocó el crucifijo debajo de su almohada. No hizo más que acostarse, cuando sintió debajo de la cama como una gallina clueca acomodando sus huevos bajo sus alas. Él era apático a tener animales arriba, y mucho menos gallinas. Llamó a su esposa preguntándole sobre el incidente. Efectivamente, no había gallinas arriba. Al ver que seguía el mismo ruido, el sueño había desaparecido; él se levantó. En esta ocasión el ruido continuaba, pero por la parte de afuera de la casa. Se vistió, salió y entonces era arriba. No pudiéndose explicar el incidente, tomó café y al ver que así seguían las cosas, se acostó ignorando lo que había sucedido.

A la una de mañana, se escuchó un ruido despertando a toda la familia, incluyendo a mi abuelo materno que dormía en un cuarto separado de la casa. Las gallinas que descansaban en un árbol ubicado frente a ésta volaron alborotadas hasta que dejaron de oírse. El ruido era semejante al de un cuero seco que se azota sobre una plancha de zinc. Mi padre lo describió así: "Cayó sobre la casa, medía como treinta pies de largo y tres de alto. Tenía garras y se estiraba desde la parte del balcón hasta llegar al lado de la cama, donde anteriormente había oído el ruido. Toda la familia estaba atemorizada. Conociendo en su forma de ser que era Satanás, me levanté, cogí el crucifijo y dije: "Hagamos oración, éste es Satanás". Arrodillado rezó el Credo, la oración de San Miguel Arcángel e hizo el exorcismo. Cuando dijo: "Sepulta en los infiernos con tu poder divino a Satanás y demás espíritus malignos", levantó el crucifijo echando la bendición. Aquello se desprendió como si se hubiera llevado el techo de la casa, quedando reinado el silencio y la paz. "Se fue, pero vuelve", exclamó él. Por eso se revistió de las armas espirituales concedidas por el Espíritu Santo, nuestro Dios; armadura que sólo Dios podía proveerle para mantenerse firme. (Ef. 6, 10-11) Su escudo era su fe y su espada la palabra de Dios.

A la semana siguiente salió por tres días a misionar voluntariamente. A su regreso, exactamente a la misma hora, el incidente anteriormente descrito se dejó sentir nuevamente. Sólo que en esta ocasión se agarró de la parte del techo del cuarto donde se encontraba su cama. Se dejaba caer en tierra como un rayo con garras de hierro, queriendo así romper la pared donde se encontraba. En esta ocasión cogió el crucifijo y gritó: "Lo voy a coger". En aquel momento confesó que, luego de haber hecho oración para salir, y dispuesto a abrir la puerta, se le apoderó un temor horrible. Entonces entró de espaldas al cuarto, ya que no podía darse la vuelta, donde nuevamente hizo oración. Con el crucifijo en mano dijo: "En el nombre del Padre, del Hijo y del Espíritu Santo". Se fue cogiendo la misma ruta. Parecía que se había llevado la casa. Gracias a Dios no volvió, pues "el Espíritu Santo dio el poder de la victoria sobre el mal, sobre los espíritus malignos". (Lc 10,17)

Después de una semana de descanso, encomendado por el amor de Dios, prosiguió su gira apostólica en el pueblo de Yauco, Parroquia Nuestra Señora del Rosario. Aquí se estuvo hospedando con una familia de apellido Galarza.

En una de las últimas noches aquí, predicaba en un lugar donde al frente de la casa había un árbol de flamboyán florecido. Fue para el mes de junio, mes en el que el flamboyán le niega las flores a María, para ofrecérselas al Sagrado Corazón de Jesús. Su tema predicado fue "El alma inmortal que nunca muere". Había mucha gente. Mientras predicaba, repentinamente, pudo observar cuando llegaba un señor, recostándose sobre el árbol. Nunca supo quién pudo ser. Llevaba como diez minutos en la predicación. De momento sintió que no pudo continuar con el tema y cómo en su mente le citaron estas palabras: "Oye, tú que hiciste un pacto con Satanás por dinero. Lo conseguiste y se te está cumpliendo el tiempo. ¡Estas desesperado! ¡Dios tiene más poder que Satanás! ¡Arrepiéntete! Precisamente, hemos venido para decirle que se vuelvan a Dios. Ve al sacerdote, confiésate con verdadero arrepentimiento".

Fue entonces cuando pudo presenciar cómo aquel hombre se desplomaba al piso. Ya, luego, sí pudo continuar con el tema que predicaba.

De regreso al hospedaje, el señor Galarza le dijo: "Hermano, si yo no conociera a los Hermanos Cheos diría que ustedes son unos brujos malos". Mi padre le preguntó: "¿Por qué dice eso, hermano?" "Porque observé aquel hombre que cayó al piso, lo conozco y lo que usted dijo es cierto, hizo un pacto con Satanás y no sabía qué hacer. Es la primera noche que asiste a la misión y usted se lo dijo", le aclaró el señor. "Así es hermano", le contestó y sin hacer más comentarios se dirigieron al hogar.

Aquel hombre asistía por primera vez a la misión y efectivamente había hecho un pacto con Satanás. Pero por medio de aquella misión, Dios había liberado sus cadenas para ayudarle a caminar por el camino verdadero. El hombre supo preparar su camino en el último momento de su vida. "Yo no perdía las esperanzas. Por eso en nuestras oraciones pidamos por la conversión de los pecadores", sostuvo con firmeza.

Durante esta misión de dos semanas hubo mucho éxito y progreso espiritual. Ya estando en su pueblo, en las noches recorrió diferentes barrios como lo fueron los barrios Alturas Collores y Canalizo. Fue una vida de muchas pruebas, pero nunca se olvidó de su misión y compromiso con Dios.

—Un día fui citado para misión en el barrio Canalizo de Jayuya, en el hogar de Juan Rivera (que su alma descanse en paz). Como siempre, por la distancia debía de hospedarme. Salí de mi casa a las dos y media de la tarde, estando media hora en casa de mi mamá. Tomé café preparado por ella y luego me eché a caminar. Llegué a las cinco de la tarde. Una vez en el hogar de don Juan cenamos y a las siete comencé a cantar. Recién comencé las tres Ave Marías a la Virgen, oraciones que usamos los hermanos antes de comenzar la plática, el hermano que dejé de rezarlas en sus misiones no tiene "carisma chea". Pues bien, sentí aquella misma sensación interior de siempre: "Vete, vete". Al terminar, cogí la pequeña maleta, la imagen de la Virgen y le dije a la familia: "me voy". Ellos me indicaron: "Hermano, su cama esta arreglada, ¿cómo se va a ir? "Otro día me quedo, pero hoy me voy", les indiqué. Me despedí y a las nueve y media de la noche me dirigía a la carretera que conduce de Utuado a Jayuya. Caminé en la oscuridad sin detenerme ni un minuto. Miré a la imagen y le dije: "Virgen Santa que estás en el cielo, intercede ante tu Hijo, que encuentre en qué llegar; estoy cansado". En ese instante pasó un camión y se detuvo, retrocediendo hasta llegar donde mí me dijo: "Juan, ¿a esta hora por aquí? Suba, lo llevaré hasta el pueblo". Al llegar al pueblo me dijo: "Déjame llevarte de una vez a tu casa". Al llegar vi luz encendida en casa de mamá, algo muy raro, ya que nunca se veía luz encendida a esa hora de la noche. Me bajé, le di las gracias al chofer y pasé a investigar. Una de mis hermanas estaba parada frente a la puerta. Pregunté qué sucedía.–

"Mamá está grave en el hospital con un derrame cerebral", le indicó la hermana.

—Sin pensarlo, me dirigí hacia el hospital. Al llegar al pueblo eran las once y media. Me encontré con mis dos hermanos que regresaban para sus hogares, quienes me indicaron sobre la gravedad en la que se encontraba. "¿Dónde va usted?", me preguntaron. "Donde ella", les respondí. "¿Estás loco?, todo está cerrado", me respondieron. "Yo llevo la llave", les decía. "Venga que no lo van a dejar pasar a su cuarto", decían.–

Mi padre no hizo caso a sus comentarios. "Pensé que, en estos casos, de todo se acuerda uno menos del sacerdote. Y esa era la llave que iría a buscar".

—Con tanta suerte, que cuando llegué a la parroquia se detuvo un vehículo delante de mí interrogándome: "Juan, ¿qué haces aquí a esta hora? "¡Bendito sea Dios por los siglos!" Era la llave que iba a buscar; era padre Eduardo, párroco para ese tiempo. "Me dicen que mamá esta grave en el hospital".–

"Sube, vamos", le indicó el sacerdote. Se encaminaron al hospital.

—Entramos y allí estaba mi mamá. El sacerdote le abrió el párpado y me dijo: "Juan, no llores. No le daré la unción de los enfermos. Mañana de nueve a doce estará en su casa sana. Ven que te voy a llevar a tu casa". Le echó la bendición y salimos. Yo estaba más esperanzado de tener a mi madre a mi lado.

Así fue. Al día siguiente estaba bien de salud. El sacerdote está en la tierra representando a Jesucristo, sucede que a veces nosotros hacemos como el que cogió la concha y sólo vio su casco duro y la echa al mar otra vez, sin mirar ni pensar que dentro lleva la perla preciosa. Eso pasa con el sacerdote, humano como nosotros, pero consigo lleva el don y el poder de salvar, dado por Cristo. (Jn 20, 21-22)

Otro día, cuando no tenía nada, y los caminos estaban sin pavimentar, salí para el barrio Alturas Collores, lejos de mi casa. Aproximadamente, más de dos horas de camino a pie; diría, casi tres horas y media. No había luz eléctrica en el barrio. Prediqué. Estaba muy cansado. No había comido nada y regresé a mi hogar. Cuando llegué a la carretera, me sentí cansado y con hambre. En la medida en que caminaba iba perdiendo las fuerzas; me sentía mareado. A eso de las doce de la noche, encontrándome cerca de donde vivía, me senté en un muro del alcantarillado frente a la Hacienda de Los Pérez, donde descansé un poco. Y pedí a Cristo y a María me ayudaran a llegar a mi casa. Llegué a la una de la mañana. Mi esposa, preocupada, me preguntó qué me había pasado, que llegaba tan tarde. Le expliqué que era la mucha el hambre y el cansancio que tenía. A esa hora me sirvió la comida, que estaba algo tibia. Ella se fue a descansar. Pero el detalle fue que me quedé dormido sobre el plato; mi mejilla derecha reposaba sobre la comida. A las dos de la mañana mi esposa despertó. Fue donde mí, despertándome. Me lavé la cara, me sentía mareado. Le pedí un poco de café, el cual me tomé acompañado de un pedazo de pan. Y luego me fui a la cama, quedándome dormido. A las cinco de mañana desperté con un fuerte dolor estomacal, calambres y vómitos. Mi esposa estuvo a mi cuidado, y ya para las seis de la mañana llamó a mi familia para que me llevaran al hospital. Estuve dos días asilado. El doctor señaló que tenía la sangre adormecida por la mala digestión. Recuerdo que no podía moverme y estaba sin sentido. Según iba mejorando podía sentir movilidad en mi cuerpo y podía oír, aunque no podía moverme del todo. A mi lado se encontraba hospitalizado un muchacho que le acompañaba su mamá. Lamentablemente murió y, ante el impacto, ella sacó un grito de dolor. Yo salté de la cama y le recé el Credo. Fue entonces cuando me sentí sano. El doctor había señalado que la sangre había despertado. Por gracia de Dios y de María, había sanado.

La parte buena es que las misiones habían sido un éxito. Yo daba gloria a mi Dios, pues es en lo único en que yo puedo gloriarme. Como dice San Pablo: "Si me glorío, que sea en la cruz de Cristo".

En otra ocasión, fui a Ponce y estuve trabajando con mi hermano Monserrate, quien tenía una tienda de pulpería. Semanalmente viajaba a casa. Él me suplía con la compra y quince o veinte dólares. Un jueves le dije: "Compadre, esta noche voy a la santa misa". "Valla", me dijo. Me preparé y fui. Se rezó el rosario y antes de la misa padre Aldama explicó el ejemplo de Bruno, fundador de los crucifijos. Fue una preparación para mí y para lo que me pasaría al salir de la iglesia. Al terminar la santa misa, de regreso a casa de mi hermano, en una parte oscura de la calle estaba una señora parada que me dijo: "¡Párate! Sales conmigo o grito y digo que querías abusar de mí, esgarrándome la ropa". "Señor, ¿qué hago?", pensé. Pero inmediatamente le dije: "Está bien, pero no tengo dinero ahora. Déjame ir a la tienda para buscarlo, alquilar un carro y salir al campo". "Está bien, pero si me engañas, te va a pesar", me contestó en tono demandante. Al llegar a la tienda, allí estaba ella; había llegado primero que yo. Entré a la casa de mi hermano, le llamé comunicándole lo sucedido. Él cerró la tienda. Se fue conmigo y por la mañana emprendí viaje a Jayuya. Hasta el día de hoy jamás volví al negocio. Una vez más recordé las palabras del hermano Carlos: "Perseguido serás hasta la tumba".–

Encontrándose en una misión en la Parroquia San Francisco de Asís en Aguada, tenía que hacer visitas domiciliarias durante todo el día, de ocho de la mañana a cuatro de la tarde.

—Tenía dos horas para descansar, tomarme un baño, y ya a eso de las seis encaminarme para la misión que terminaba de nueve a nueve y media, o diez de la noche. Me encontraba hablando con una maestra un asunto personal, cuando a eso de las cuatro de la tarde sentí aquella misma sensación descrita anteriormente: "Vete, vete". Me despedí de la señora llegando a la casa donde me hospedaba. Sin hablar con nadie, entré al cuarto, puse la maleta al día, me di un baño, me recosté unos minutos y aun así, no podía estar tranquilo. Estando en oración vocal y mental, pedí a Cristo y a María Santísima que si era una tentación fuera retirada, pero que si tenía que llegar a mi hogar aumentara aquella sensación en mí. A las seis salí con mi maleta. La familia donde me hospedaba me preguntaba qué me sucedía, y les indiqué que les dejaría saber durante la misión. Luego de comer algo, comencé la misión a eso de las siete. Esa noche había confesiones y mucha gente. Rezamos el rosario, se cantó, se predicó, y aquella inquietud interior no me dejaba quieto. Esa noche, como se encontraba el sacerdote, se dio una plática aparte de la misión. A las once de la noche le dije a la gente reunida: "Hermanos como hay confesiones, yo voy para Jayuya". Muchos se opusieron. Un señor allí presente me dijo: "Hermano, yo voy con usted para acompañarlo". "No, le agradezco, pero no sé qué pueda suceder, le dije". Me entregaron un termo de café para que tomara en el camino. Para entonces tenía carro.

Recuerdo que una vez me encontraba en Aguadilla, había una lluvia terrible, pero quería llegar a mi casa. Cuando llegué a Arecibo, eran las doce de la noche. Como humano, sentí temor. ¡Había una oscuridad! "Pero yo miraba a mi pasajera y compañera de viaje, María Santísima, y sentía que el carrito iba lleno de personas". A eso de la una y media de la madrugada llegué a mi casa. Sucede que mi esposa sufría un horrible dolor. Estoy seguro que era por eso que mi Madre intercedió, haciéndome sentir aquella sensación de "vete, vete, te necesita". Por eso canto:

Ven con nosotros a caminar,
Santa María Ven.
Si por el mundo los hombres
sin conocerse van,
tú vas haciendo camino,
otros lo seguirán.

Más tarde en el barrio Guayabo de Aguada, estando en misión, fui a visitar a un enfermo que tenía una condición en una de sus piernas. No creía en la confesión ni en el sacerdote. Estuve hablando con él, pero no de la confesión, bromeamos mucho, nos reímos, almorcé en su casa; era un hombre bueno. El viernes, que había confesiones, fui a hablar con Cayo, que era su apodo. Le dije: "Hoy vengo a tomar café y a hablar de cosas más importantes". Dialogamos de la confesión. Me decía que no tenía pecados y que no podía creer que un hombre pudiera perdonar pecados. Le dije: "Hermano Cayo, Dios, ni Cristo, ni yo le ponemos una camisa de fuerza a nadie. Pero, porque Dios ama al pecador, envió a su Hijo al mundo para perdonar y morir en la cruz para salvarnos. También resucitó para llevarnos al cielo. Cristo dejó en su Iglesia los divinos sacramentos para que nosotros nos alimentásemos y fortalezcamos el alma". Él me contestó: "Mi hermano, voy a ir, pero me voy a llevar una rama para darle una pela al cura". "Lleve lo que quiera que el cura, como dice, lo va a recibir con amor y cariño", le contesté. A las cuatro de la tarde llegó para confesarse, llevando consigo la rama como había señalado. Riéndose dijo: "Voy a entrar porque no puedo estar mucho parado". Entró con la rama en la mano y a la media hora salió sin la rama señalando en alta voz: "Soy el hombre más feliz del mundo. No sabía lo que me estaba perdiendo; entré con dudas y la duda se quedó con la rama". Cayo, con su comentario, aumentaba más la fe de los que aún estaban haciendo turno para confesarse. Aquí estas palabras de San Agustín: "La ciencia consumada es que el hombre en gracia acabe, que al final de la jornada aquel que se salva sabe y el que no, no sabe nada".

Yo contento, pues Cristo, nuestro Señor, había conquistado una más de sus ovejas que estaba perdida, como dice el evangelio de San Mateo: "Gracias Señor, todo para ti, para mí nada. También soy un pecador". Treinta y siete años han pasado por mi vida como hermano seglar; veinticinco tenía cuando comencé. Ahora narrando estos hechos no me arrepiento. Pienso y recupero el ánimo y continúo hasta la fecha. No comprendo cuál será el plan de la vida que Dios me tiene. A él le pido me deje comprender una parte de este.

En Yabucoa, Parroquia Ángeles Custodios, estuve en una misión por quince días con el hermano Wilfredo Peña. Fuimos a las comunidades de Sodoma y Gomorra. En muchos de los feligreses se podía observar que sus ánimos eran positivos. Las amas de casa preparaban sus comidas temprano, procurando estar listas y así encaminarse y llegar temprano al lugar de la predicación. Para las cinco de la tarde ya había como doscientas personas esperando para escuchar la predicación. Era viernes y era la clausura. Ese día la comunidad había preparado un altar en el patio, pues era grandísimo. Ya para las siete de la noche había no menos de seiscientas personas.

La noche estaba muy clara con una hermosa luna llena. El cielo estaba completamente despejado. No se observaba ni la más remota huella de nubes. Se cantó y luego se comenzó con el Ángelus. Se rezó el rosario. El hermano Peña predicó la primera parte. El tema era "La Perseverancia".–

En la casa donde se predicaría habían colocado la imagen del Perpetuo Socorro, en el mismo medio del patio. La imagen estaba rodeada de hermosas flores y alrededor de ella se encontraban aquellas personas, allí presentes. Faltando apenas quince minutos para que el hermano Peña finalizara su plática, el dueño de la casa, acercándose a mi padre, le pidió que no predicara. Según él, había un grupo de jóvenes de Sodoma que iban a interrumpir la actividad a celebrarse. Según este señor, los jóvenes estaban preparados para darle unos golpes. El dueño de la casa le suplicó en dos ocasiones, pero mi padre pensaba: "¡Imposible! ¡Que esta gente venga de tan lejos y yo callarme!" Entonces el dueño le contestó: "Vamos a ver qué podemos hacer". Él, asegurado de que nada pasaría, siguió adelante.

Frente a la imagen del Perpetuo Socorro había colocado un paño blanco y sobre éste colocó su crucifijo. Luego solicitó a la gente que hicieran espacio alrededor del altar.

La noche continuaba clara, sin nubes en el espacio. No obstante, se observaron caer unas ligeras lloviznas. Mi padre replicó con aquella, su voz potente:

—Antes de comenzar la predicación, les voy a pedir a los presentes que no se muevan de donde están, y a esos jóvenes quienes desde que comenzó la oración están inquietos, les pido que miren al cielo y me digan de dónde caen esas ligeras lloviznas, a las cuales les digo que cesen de caer, por la imagen del Creador y Redentor que está en la cruz sobre la tierra; que fue creada por Él.–

Inmediatamente aquellas lloviznas habían desaparecido. El prosiguió:

—Y a ustedes que vinieron para dar golpes al hermano, les pido que pasen adelante y salten sobre el crucifijo, pisen sobre él y luego realicen lo que tenían planificado. Pero no respondo si se abre la tierra y se los traga en cuerpo y alma el infierno.–

Se le dieron dos minutos para hacerlo o para callar, pero sólo el silencio respondió. Lo único que puedo decir es que aquellos jóvenes se callaron y estuvieron quietos durante toda la predicación. Al finalizar, todos los presentes pasaron a besar el crucifijo y ellos también; luego se fueron sin hablar. El dueño de la casa le decía a mi padre: "Hermano, Dios es grande y maravilloso. Hoy aquí se ha visto un milagro".

—Yo guardaba silencio, pero sin olvidar que había invocado a la gran abogada, misionera y perfecta cristiana: María Santísima.–

La predicación fue todo un éxito. Mi padre se reafirmaba más en su fe. Y se ofuscaba en aquellos versos que me repetía al finalizar el relato de este incidente:

Toma, Virgen pura
nuestros corazones.
No nos abandones jamás, jamás.

Quien invoca a María con fe, nunca se verá abandonado de Ella. Así sea.

—Viene a mi memoria una misión que tuvimos en Adjuntas, en la Parroquia San Joaquín y Santa Ana. Para mí fue de gran experiencia. Había dos hermanos Cheos en los barrios y padre Miguel, un español que predicaba en la plaza. Por suerte, a mí me tocó predicar en el barrio Guayaba Dulce. Los miércoles teníamos que reportarnos a la casa parroquial para informarles a los sacerdotes cómo iba la misión. Y como de costumbre, por no tener medio de transportación y tenía que caminar, me sorprendió una lluvia, por lo que de regreso llegué bien mojado y con frío. Padre Emilio, de feliz memoria, se lamentó porque el otro hermano había llegado en las mismas condiciones. Nos llevó para el comedor, acompañados también de padre Miguel, y nos dijo: "Hermanos, no se asusten. Van a sentir un calor tremendo por dentro, pero no es nada, es para calmar el frio. Y nos dio a tomar algo que todavía no sé qué pudo ser. Cuando lo tomamos, sentimos como un horno encendido en nuestro cuerpo, desapareciendo el frío de nuestro cuerpo inmediatamente. Cuando dimos nuestro informe, me encontré con una pareja en adulterio; tenían hijos y les aconsejé que si no podían separarse por los hijos, por lo menos que no dejaran de asistir a la misa, ya que la misericordia de Dios no tenía medidas.–

Fue entonces cuando el padre Miguel señaló:

—Les voy a contar lo que sucedió en mi parroquia en España. Tenía un matrimonio que era de mi confianza. Tenían la llave de la parroquia, eran de comunión diaria, cuando el día menos pensado Cayo (que así se apodaba su esposo) salió llevando a otra mujer. Su esposa siempre estuvo firme todos los días en la misa, pero me tenía loco. Decía: "Padre, yo quiero que mi esposo se salve". Eso era a cada momento. Una mañana, al finalizar la misa, fui a mi casa parroquial y al rato ella apareció con el mismo tema. "Padre, mi esposo, quiero que se salve". Fue entonces cuando le hice la siguiente observación: "Mira, vete al sagrario y dile a Jesús que tú quieres que tu esposo se salve. Que se lleve al que más cerca esté de él". Yo, observándola, pues la iglesia estaba frente a mi casa, vi cuando se fue directa a la iglesia. Preocupado porque pasaba mucho rato y no salía, fui a la iglesia y la vi hincada frente al Sagrario. Me le acerqué, la toqué, cuando cayó hacia atrás; había muerto. Cuando el esposo lo supo, vino y se echó a llorar sobre su cuerpo. A los pocos días se casó con la mujer. Y hoy, es el nuevo matrimonio de confianza. Su primera esposa, estoy seguro de que su alma fue directamente a Cristo. Por eso, hermano, aunque uno sabe que viven mal, hay que aumentar la fe.–

—En la comunidad Las Delicias de Ponce, en la Parroquia Santísima Trinidad, el padre Ramón pidió dos hermanos para que predicaran por dos semanas. Fuimos el hermano Gervasio Rolón y yo. El sábado sería la clausura y se finalizaría con la misa. Como la comunidad era grande, se dividiría en dos. La clausura de la misión sería responsabilidad del hermano Rocabel Chamorro y nos reuniríamos en la capilla. El sábado, el hermano Gervasio no fue. Yo estaba solo en la capilla; estaba llena. A las cinco y media observé dos señoras que entraron y se hincaron frente a la imagen de la Virgen, rezando el rosario en silencio. Padre Ramón estaba oyendo confesiones. La predicación era a las seis y la misa a las siete. Cuando el padre finalizó las confesiones, salió preguntando por el hermano Rocabel. Al ver que no llegaba, me señaló: "Hermano, van a ser las seis, predique usted la clausura". A las siete menos cuarto llegó el hermano Rocabel, quien se paró frente a la puerta de la iglesia. Una vez terminaba la predicación, todos nos saludamos en medio de la alegría inmensa. Fue entonces cuando el hermano Rocabel señaló: "A las cinco y media fui a prender el carro y no funcionaba. Como a las seis y media prendió, por eso llegué tarde". En ese instante me llamaron las señoras y me dijeron: "Hermano, cuando nos hincamos frente a la imagen de la Virgen rezamos el rosario y le pedimos que como usted había predicado durante la semana mensajes hermosos, intercediera ante su Hijo para que le permitiera dar la clausura. Por eso pensamos que el carro no le funcionó, sin prejuicios de nada". Otra obra más de María Santísima para aumentar la fe en aquellas señoras y en mí también. A Dios gracias. Todos contentos, nos despedimos para nuestros hogares. Yo para Jayuya, hora y media de camino en carro.–

Para el 1960 le llamaron para el pueblo de San Sebastián, a la Parroquia San Sebastián Mártir, a una misión de dos semanas. El primer día, lunes, el sacerdote le llevó a la casa de la familia donde se hospedaría. En el país hacía meses que no llovía. Había una sequía grande, por lo que la agricultura se estaba perdiendo. A las seis, listo para encaminarse al lugar de la predicación, el matrimonio, dueño de la casa, le dijo: "Hermano, nosotros tenemos que ir al pueblo, pero vamos a llegar temprano". Le indicaron dónde sería la misión, por lo que tuvo que caminar un kilómetro con un grupo de fieles hasta llegar a la casa donde se dirigían. Ya estando allí, unido a otro grupo de fieles, salieron en procesión pidiendo a la Santísima Virgen que intercediera ante su Hijo para que les enviara lluvia, si ésta era su voluntad. La misma noche el milagro fue concedido. He aquí el poder de la oración, la fe y la esperanza en María Santísima como intercesora ante su hijo Jesús. Él mismo lo expresó así: "Esa noche nos mojamos todos; estábamos contentos".

Luego de haber finalizado la misión, anduvo todo el mismo camino de regreso a la casa donde se hospedaba. Llegó cansado, mojado y con hambre, ya que no había comido. Y porque los dueños de la casa no llegaban, optó por sentarse en el balcón, al lado de un perro que había en la misma. Al ver que no llegaban, tendió el gabán que usaba en el piso y se acostó quedándose dormido con su amigo, el perro que estaba a su lado. Llegaron a la una de la mañana, pidiéndole perdón. Le dieron una taza de chocolate, indicándole luego el cuarto donde dormiría. Al día siguiente buscó otro hospedaje, pobre, pero lleno de amor de Dios. Aquí pasó su estadía durante los días de la misión. Fue entonces cuando le indicaron que la familia donde había pasado la primera noche estaba recién casada y tenía creencias espiritistas. "Gracias a Dios esa es la vida del misionero". Jesús mismo dijo: "Las zorras tienen cuevas y las aves tienen nidos, más el Hijo del Hombre ni siquiera tiene dónde reclinar su cabeza". (Mt 8:20) Si eso fue Jesús, que el hermano Juan durmiera en un balcón y al lado de un animal no era nada.

—Para ese mismo año, por razones económicas, volví a hablar con el director de la Congregación, para solicitar permiso para viajar a Estados Unidos con el objetivo de trabajar. Me concedió permiso por seis meses para ir a Florida.–

Allí también dedicó parte de su vida a la misión. Su deseo era que creyeran en Jesús y María Santísima; que por medio de ellos el mundo tuviese confianza y se reafirmaran en la fe.

—Llevé conmigo una carta de recomendación como que era hermano Cheo. Cuando llegué a Florida, estuve dos semanas sin encontrar trabajo. Luego fui a Michigan con mi hermano Ventura. Estuvimos tres días viajando en carro. En ese trayecto cobré mi primer cheque sin trabajar. Las cuentas del rosario se iban gastando. Rezábamos los misterios dolorosos y estando en el tercer misterio, ya para interceptar al puente que dividía a dos de los estados (no recuerdo con exactitud cuáles eran) fuimos impactados por otro carro. Estuvimos a un pie de distancia del río Mississippi. Una familia americana señaló que en otra ocasión una familia había sido impactada en el mismo lugar, cayendo al río y nunca aparecieron. A raíz del accidente, permanecimos allí el resto de la tarde.

Una vez más digo que María Santísima nos amparó salvando nuestras vidas. Al día siguiente, nos condujeron a Michigan en otro auto y después de cinco meses regresamos a Florida. Estando aquí, me la pasaba leyendo la Biblia y rezando el rosario; no salía a ningún lugar. Bien sabemos "que cuando rezamos hablamos con Dios, pero cuando leemos es Dios quien habla con nosotros". Mi hermano tenía una vecina que un cierto día nos había invitado a ir de compras. Yo no quise ir, por lo que me dediqué a continuar estudiando la Biblia, a descansar y a rezar.

Mi hermano y mi cuñada le acompañaron; se habían ido a las dos de la tarde y regresaron a las seis. Fue entonces cuando aquella señora le preguntó a mi cuñada sobre mí. Ella le indicó que era hermano Cheo, y todos los demás detalles. Para sorpresa de todos, aquella era una de las tantas parejas que había ayudado para que se casaran cuando predicaba en el barrio Plana de Salinas. La señora le indicó a mi cuñada: "Le conocí en el silencio y la oración". Por eso el misionero debe ser misionero las veinticuatro horas de su vida. Al día siguiente salía a Puerto Rico con poco dinero, pero contento y con mi frente en alto.–

Durante los años 1964 al 1965 fue a Búfalo a trabajar. Allí también dedicó parte de su vida a la predicación.

—Para mí fue una alegría porque los puertorriqueños me conocían y durante las misiones, las iglesias estaban llenas, y sentía alegría en mi alma.–

Nuevamente en Puerto Rico, se dedicó a la agricultura: siembra de maíz, gandules y calabaza. En las noches salía a predicar.

En su recorrido apostólico, creo que su mejor experiencia fue cuando, encontrándose en una misión en el barrio Río Grande, Dios le enviaba a un amigo a quien amó inmensamente. Sucedió una tarde en que ya reunidos cantaban himnos a la Virgen Santísima. Llamaba tanta la atención aquel cuadro, que entró allí quien habría de ser su amigo fiel y director espiritual insustituible: Padre Víctor Mastalerz; fue para el año 1962. Estaba recién llegado a la parroquia de Jayuya. Su padre era polaco y su madre americana. Debido al poco dominio del idioma español, como pudo, preguntó qué significaba aquella reunión. Una vez contestada aquella pregunta, prometió regresar luego que finalizara la santa misa que iba a ofrecer en el barrio Mameyes.

Efectivamente, allí cumplió lo prometido tomando participación de la santa misión. Llegada la hora de mi padre regresar a la casa, se echó a caminar. A los segundos fue alcanzado por el sacerdote, quien le ofreció transportación y lo llevó hasta su casa. Al día siguiente, mi madre le indicó a mi padre sobre su presencia en nuestra casa, quien deseaba verle. Él, muy contento salió a su encuentro invitándolo a entrar. Luego de conocer nuestra familia, señaló: "Hermano Juan, por las limitaciones del idioma, yo he venido a proponerle algo. Yo quiero, si es posible, que usted predique antes de cada misa que vaya a celebrar". Mi padre gustosamente accedió a su petición.

Y desde entonces, fue como el cirineo que le ayudaba un poco a cargar su cruz. Juntos se comprometieron al servicio de ayudar a los demás evangelizando sábados y domingos; siendo así segadores de la siembra de Cristo. Padre Víctor recogía el fruto, pues se bautizaban niños y adultos. "El segador recibe el salario y recoge fruto para la vida eterna, de modo que el sembrador se alegra igual que el segador". (Jn 4, 36)

Estuvieron trabajando juntos por cinco años. Fue "como un padre para mi familia". En el tiempo en que estuvieron trabajando juntos quiso que aprendiera a manejar, por lo que fue su maestro. Le ayudó hasta el día en que sacó la licencia. Mientras evangelizaban sábados y domingos, padre Víctor estaba recolectando dinero, sin decirle nada. Un sábado, a las ocho de la mañana llegó a la casa y le pidió que le acompañara a Ponce. "¡Cómo no, padre!". Salieron, conversaron de diferentes temas, pero nunca le comentó sobre la diligencia que iban a hacer. Cuando llegaron a Ponce se dirigieron a un "dealer" y fue entonces cuando le dijo: "Hermano Juan, ven, toma esa llave y coge aquel jeep que está allí; es tuyo. Estuve siete meses recogiendo peso a peso, peseta a peseta, para comprarte este jeep, para que nunca más tengas que caminar".

—Gracias a él, me iba al campo, preparaba a la comunidad, y por la noche teníamos la santa misa.

Para el año 1967 se me graduaban mis dos hijos mayores de la escuela superior. Por razones económicas, mi esposa y yo dialogamos con ellos acordando no asistir a la graduación. Ya luego se procuraría el diploma. Pero Dios y la Virgen Santísima proveyeron. Dos semanas antes de la graduación (viernes), padre Víctor fue a buscarle para que le acompañara al barrio Collores a visitar los enfermos y llevarle la sagrada comunión. En el camino le preguntó: "Juan, ¿a ti no se te gradúan dos hijos este año?" "Sí, padre, pero no podemos prepararlos", le contestó. Explicándole, a su vez, lo que había decido hacer él y su esposa para ese día. Él guardó silencio y continuaron su camino en la oración. De regreso llegaron a la casa parroquial a las once de mañana y le dijo: "Juan, vengo rapidito". A los cinco minutos, le entregó un sobre diciéndole: "Juan, esto es mío, no de la parroquia. Me lo mandan mis hermanas. Cógelo y prepara a tus hijos. Cuando puedas me lo pagas, y si no puedes no hay problema". "Me había hecho entrega de un cheque de doscientos dólares. Gracias a él, mis hijos disfrutaron de su graduación".

Ya más tarde, cuando comenzaron a trabajar se le devolvió lo prestado.

—Yo seguía con padre Víctor en las misiones, de quien doy testimonio que fue un sacerdote sacrificado, entregado a Cristo y a la Iglesia. Recuerdo un día que fuimos al barrio Mameyes; fue un sábado en la mañana. Por ser los caminos difíciles, dejamos el jeep estacionado y comenzamos a caminar hasta llegar a la casa del enfermo. Ya próximos a llegar a la casa, dijo: "Juan, estoy mareado". Observaba cómo perdía su color. Al llegar a la casa del enfermo pedí café, el cual tomó de inmediato. El mareo le pasó. Se le dio el sacramento al enfermo. Ya regresando me comentó, ¡y esto nunca lo olvidaré!: "Juan, anoche llegué tarde a la casa, sin almorzar, me recosté en mi cama un rato para descansar unos minutos y me quedé dormido; y desperté esta mañana sin comer nada, y esta es la hora que sólo tomé este poco de café que pediste. Gracias, Juan". A mí me consta que fue un sacerdote celoso de las almas y sacrificado.

Para el año 1972 fui invitado por él a un retiro por ocho días en la Casa del Buen Pastor en Caguas. Había sesenta y dos sacerdotes, seis hermanas de la caridad y los demás eran profesionales, entre ellos doctores, maestros, abogados y obreros, que eran muy pocos. De mi pueblo asistieron Pepe Marte, Pedro Morales, Mara Ramos, Juan Rivera, Crucita Ramos y Albert Ortiz.

Para el sexto día hubiese querido desaparecer de aquel lugar. "¡Cómo se hablaba de los sacerdotes! ¡Cosas horribles: dinero, mujeres, hijos!" El retiro era basado en el tema: "Por un mundo mejor". Pero para mí era un mundo peor. Yo tenía un disgusto espiritual, cuando en esos momentos llegaba mi amigo y director espiritual, padre Víctor: "¿Cómo va el retiro?", me preguntó. "Padre, lo único que puedo decirle es que me voy con usted; no puedo soportar lo que escucho", le contesté. Me contestó: "Hermano Juan, yo quiero que se quede, todo va a cambiar; estoy seguro". Por obediencia me quedé.

Al séptimo día, a eso de las diez de la mañana, estábamos reunidos iniciando una de las últimas conferencias. Se escuchaba la misma descarga contra los sacerdotes. El padre Lombarda, director de este retiro, que había llegado de Roma, estaba invitando a los allí presentes a que fueran al frente para dar su testimonio sobre el retiro. En un momento dado preguntó: "¿No hay aquí un obrero que pueda hablar algo?" Había unas treinta a cuarenta manos en alto. Yo, obrero de la tierra y obrero en la viña del Señor, corto en vocabulario y frente a tantos leones, ¿qué iba a decir; qué podría hacer?

Recordé al Sabio de Hipona, San Agustín, y me dije: "Agustín, ven, te necesito por la gracia de Dios". En ese momento le habían concedido el turno a uno que había barrido el piso con los sacerdotes. Levanté la mano; padre Lombarda lo había notado.

Cuando esta persona terminó su comentario, eran muchos los que tenían sus manos en alto, pero el padre dijo: "No, hay uno que levantó su mano desde el momento en que el hermano que acaba de hablar había comenzado a hacerlo". Fue entonces cuando se me indicó: "Hable y tiene la palabra". A mi lado había un sacerdote, me levanté y comencé así: "Soy obrero. No sé hablar como los que están aquí, pero espero perdonen los errores gramaticales. En nombre de la Trinidad, cito estas palabras del gran sabio San Agustín de Hipona que dicen así: Si fueras pasando por la plaza pública y bajase un querubín, y pasase delante de ti y también llegara un sacerdote, ¿a quién le harías la reverencia? Estoy seguro que dirás al querubín porque es un espíritu que no tiene cuerpo". Yo les digo: "No, al querubín no, sino al sacerdote porque tiene el poder para perdonar los pecados dado por Cristo. El querubín no los tiene y aquí se ha pretendido barrer el piso con ellos y en ellos está Cristo. ¡Qué equivocados estamos hermanos!_No puedo recordar el mensaje exactamente como fue señalado. Eran dos minutos los que tenían para hablar y estuve ocho, por lo que pedí disculpas por haberme excedido con el tiempo que no me correspondía.

Aquel salón se iba a caer a palmadas. Y el sacerdote que estaba cerca de mí se levantó y dijo: "Gracias a Dios que nos defendieron". Así terminaron los ataques de los representantes de Cristo en la tierra.–

Luego de aquí, comentó mi padre que, terminada esa conferencia, se tomaban media hora de recreo donde cantaban canciones mexicanas para calmar los nervios; citando también las palabras en el evangelio de Juan: "A quienes ustedes perdonen los pecados, les quedarán perdonados, y a quienes no se les perdonen, les quedarán sin perdonar".

Ese mismo año en que habían hecho el retiro, padre Víctor quiso reunir el grupo de líderes, por lo que organizó una reunión en la residencia de Gerardo Ramos en el barrio Collores. Era tiempo de política y el refrán político era "tenemos que cambiar". Padre Víctor tenía un pequeño libro titulado Cristóforo, que significa "Hombre que tiene la cabeza en el cielo y los pies en la tierra". El padre había señalado: "Tenemos que cambiar", refiriéndose a la forma de enseñar doctrinalmente a la comunidad. El sábado siguiente a las siete de la mañana, llegaba a mi casa el señor José Ruiz, muy apenado, indicándome: "Hermano, ¿qué le pasa a padre Víctor? En el pueblo lo acusan de estar hablando política en la casa de Gerardo Ramos". Yo estaba sorprendido ante el comentario. Una vez se había marchado José, no tardó el padre en llegar a mi hogar llorando. Lo habían calumniado. Se tomó una casa de café, yéndose sin poder controlar los nervios. Fue una herida para él y cuánto más para mí.

¡Sólo Dios sabe! Por eso surgió el traslado. Recuerdo que fuimos un grupo de fieles a entregarlo a la nueva parroquia.–

Estando en Orocovis, en su nueva parroquia, Nuestra Señora de Fátima, nunca se olvidó de mi padre. Un día llegó a nuestra casa para solicitarle tres semanas de misiones en su parroquia. Le dijo: "Hermano, quiero la misión en tres comunidades; puede llevar al hermano Gervacio Rolón con usted. Pero una cosa le pido, no me toque a los hermanos separados". "¿Cuál es la razón de la misión?", le preguntó mi padre. "Los hermanos se están metiendo en la comunidad y están haciendo daño". Él guardó silencio. Esto fue viernes y la misión comenzaba lunes; llegaron a las seis de la tarde.

—La clausura de la primera misión celebrada sería con la santa misa, el primer viernes del mes. Los hermanos que no querían que se les atacaran, por poco no nos dejan comenzar la santa misa. Gracias a Dios hicieron silencio y así tuvimos la Eucaristía. Padre Víctor era bueno, pero cuando tenía que hablar con razones era una espada, y esa noche usó la espada de la razón; era otro Cristo cuando echó a los mercaderes del templo. A la siguiente semana, pasamos a la segunda comunidad; misión maravillosa. La tercera semana se clausuraba en la parroquia con la festividad de la Santísima Virgen. Todas las comunidades, junto a las Hijas de María se reunirían ese día, para la gran celebración. Hubo una lluvia tremenda, tanto en Jayuya como en los barrios del pueblo de Orocovis. El hermano Gervasio no pudo asistir y yo fui solo. Padre Víctor se alegró al verme llegar, ya que no me esperaba. Recuerdo que vestí con mi alba blanca, saliendo en procesión del Colegio Católico hasta la parroquia. Fue en ese momento que el padre me dijo: "Hermano, usted va a predicar la homilía después del evangelio".–

Confiesa que se puso nervioso, pues no se sentía preparado y ante una muchedumbre de tantas almas, mucho más. Finalizada la lectura del evangelio, se dirigió donde el padre. Se invocó al Espíritu Santo de una manera muy especial, ya que era carismático. Luego de que fuese al Santísimo y donde la imagen de la Virgen comenzó así:

—En el nombre del Padre, del Hijo y del espíritu Santo. Saludé al sacerdote, al público presente, entregándome a mi madre María. Yo no sé si es el dedo de Dios que toca mi corazón o es tentación, pero María es endiosada. Me dieron veinte minutos y estuve cuarenta y cinco, y repetí las mismas palabras: "No sé si es el dedo de Dios, cuando terminé rezando el Credo". Al finalizar, padre Víctor se acercó donde mí y en voz alta dijo: "Dios, si ya estaba casi protestante", haciendo reír a todos los presentes. Fue una noche feliz para todos.

Gracias le doy a Dios porque en un tiempo de necesidad espiritual y corporal permitió el que conociera a padre Víctor, y fuera mi guía para apoyarme con sus consejos. Si hoy tengo una vida de confianza en Dios se lo debo, después de Dios, a él.

Un día teníamos la santa misa en el barrio Río Grande. Era de noche y llovía tanto, a tal punto, que no se pudo celebrar la santa misa. Crecieron los ríos. Cuando me llevaba de regreso a mi casa, vimos como un bulto que tapaba una corriente de agua a orillas de la carretera. Dijo: "Juan, parece una persona". Se detuvo y yendo a investigar dijo: "Juan, ven, es una persona". Estaba borracho, daba pena y era digno de compasión. Le auxiliamos subiéndolo al carro y lo sentamos en medio de los dos, y así lo sostuvimos. "Juan, ¿y ahora qué vamos a hacer?" "¿Que tú crees?" No se sabe de dónde es, ni a dónde va.–

"Padre, pensemos un minuto. Vamos a Coabey", le dijo mi padre.

—La lluvia no cesaba de caer. Cuando llegamos frente a la tienda de Moncho Marín, todos los hogares estaban con sus puertas cerradas. Observamos que sólo había una casita pobre con su puerta abierta. Nos detuvimos. Yo me quedé sosteniendo al hombre para que no se cayera. El padre se encaminó a la casa, encontrando a una viejita que le dijo: "Sí padre, es mi hijo que lo estoy esperando". Lo bajamos, lo subimos a la casa y fue padre

Víctor quien lo acostó en un sofá, ordenando que le hicieran una taza de café, que él mismo se lo dio a tomar.–

Por el camino, de regreso a mi casa le preguntó a mi padre: "Juan, ¿cuál es el evangelio de mañana?". El samaritano. "Bien. Si nosotros hubiésemos dejado ese hombre allí, ni tú ni yo podríamos predicar en el día de mañana".

—"¡Qué mucho uno aprende de los sacerdotes! Sin ellos no puede haber Eucaristía y si no hay Eucaristía, por lo menos para mí no puede haber vida eterna". Pero no todo termina con esto. Creo, si no estoy equivocado, decía el hermano Eusebio cuando predicaba: "¡Ay de mi padre, si predico, y ay, si no predico! Si predico, hago a estos que me escuchan responsable de la palabra de Dios, y si no predico me hago responsable yo por no predicarla". Porque si no escribo tantas contiendas y tropiezos en los años de misión que llevo, puede que se pierda la gracia concedida de Dios, y si las escribo puede que sean de beneficio para otros. Cuando me confieso, le dejo saber al confesor que pida a Cristo en sus oraciones que me mande la muerte antes de cometer pecado grave.–

Lamentablemente, después de seis años había sido trasladado al pueblo de Orocovis, pero el entusiasmo y las raíces de aquella amistad siempre quedaron vivos. Y tan fuerte era esta amistad, que delante de los feligreses durante una misa celebrada en la Iglesia de Nuestra Señora de la Monserrate en Jayuya, padre Víctor expresó: "Juan, el amigo más grande que yo he tenido. Algo que vive en mi sangre".

Aquella no fue una amistad cualquiera. Fue una amistad íntegra, fiel, dada, sacrificada. Ellos, más que el hermano y más que el padre, eran el verdadero amigo que velaban por los cuidados de uno y otro. Entre ellos, se sentía la presencia de una amistad mayor. Era un lazo de unión tan leal, tan fiel, sin la más mínima mancha de enemistad. Es más, podría señalar que el amor sentido en sus corazones era un brote de amor enriquecido por el Espíritu Santo, que se les había dado. Mi padre lo amaba y lo amaba doblemente, pues lo amaba en Dios y por Dios.

Entre ellos florecieron horas de gozo, de tristeza y de enriquecimiento espiritual. Padre Víctor fue el único y verdadero amigo que hizo florecer la esperanza en días de desierto y desosiego. Con él muchas veces vimos germinar una flor en aquellos terrenos áridos en que vivíamos. Con él, nuestra familia acrecentó su fortaleza espiritual.

Dadas las raíces tan profundas en aquella amistad, el 8 de noviembre del 1984, fue uno de los días más grises en la vida de mi padre. Aún me parece verle sentado en aquella esquina de la casa con su rostro lleno de dolor, aquellas lágrimas, aquel dolor hiriente marcado en su rostro, me hizo sentir como si la muerte estuviese tocando las puertas de su corazón. Y no estaba equivocada, padre Víctor había fallecido. Y con gran sutileza, aquella llegada de la fatal noticia le hacía gemir de dolor. Aquel día, los rayos del sol no eran sino sombras de una noche sin estrellas en el corazón de mi padre. Todo estaba apagado. Había un vacío en su alma, pues también estaba muerto todo su yo. Murió con un corazón desbordado de amor filial a Dios.

Padre Víctor, que en gloria esté, fue un sacerdote muy celoso por la salvación de las almas, así como sacrificado. Fue verdaderamente el amigo fiel de quien mi padre aprendió mucho, y quien dio mucho por nuestra familia. Siempre sostuvo: "Padre Víctor, mi gran director espiritual, mi gran amigo, fue una verdadera escuela espiritual en mi caminar; fue como un padre para mí y mi familia".

Podría afirmar que las raíces de aquella amistad habían abarcado el corazón de mi padre, siendo esta íntegra y clara, iluminada por el poder del Espíritu Santo. Estoy segura que en sus horas de silencio y de oración, le recordaba, y en su recuerdo surgían de sus labios aquellos las palabras del profeta Isaías, quien sostenía: "la ciencia consumada está en los labios del sacerdote". Ellos representan los buenos pastos y la liturgia de la comunión; los sacerdotes que se unen a la plegaria eterna de Cristo conmemorando el misterio pascual de la muerte, resurrección, ascensión y Señor de señores. Muy convencido repetía constantemente. "Sin los sacerdotes, no puede haber Eucaristía y si no hay Eucaristía; por lo menos para mí, no puede haber vida eterna, pues la Eucaristía es el Cristo real, el Jesús íntegramente vivo".

Dando retrospección a la historia, cuando fuimos a residir al barrio Caricaboa en el verano del año 1955, relató que no había camino que comunicara con la casa en que vivíamos. Había una quebrada que pasaba por el mismo patio de la casa. Como solución al problema, mi padre hizo un pequeño camino para pasar, y según él, daba comienzo allí el libro amargo del apocalipsis. Gracias al padre Víctor, él tenía un jeep, por lo que por sí solo y con la ayuda de Dios, María y su divino Hijo construyó un puente de cuarenta pies de largo, seis de alto y ocho de ancho. Canalizó la quebrada. Muchos vecinos se beneficiaron de la obra. Pero las nuevas facilidades no habrían de durar mucho. Sin alusiones políticas, para el 1964 había surgido el conflicto de la Iglesia y el Partido Popular. En ese tiempo el gobernador era Luis Muñoz Marín.

—Como católico y Hermano Cheo, luché por mi fe hasta lo último y nos ficharon. Por suerte, yo sufrí mucho por lo mal que trataron a los obispos y sacerdotes. Para entonces, tenía un compadre que había emigrado a Estados Unidos, por lo que me encargó su parcela. Sembré doce mil plantas de tomate, por lo que estaba contento, ya que estaban preciosas. Para el mes de enero me enteré que mi compadre había cogido cincuenta dólares prestados a nombre mío. La tomatera se perdió por la lluvia. Se calculaban dos mil dólares en producción y produjo sesenta dólares en ganancias, de los cuales tuve que pagar el dinero que cogió mi compadre, siendo la ganancia de solo diez dólares.

Un buen día, llegó un hombre señalando que compraría la parcela en la que había sembrado gandules, y a lo que contesté no tener problema, pero que lo que estaba sembrado era mío. Aquel señor me contestó: "No, hermano, no. A mí se me indicó que la finca se vendía con todo, ya que me indicaron que todo sembrado era de los dueños". A los quince días recibí una carta de mi compadre diciendo que había vendido la finca a una familia suya, y a quienes les había explicado que el fruto era mío. Se apoderaron de las lonas de gandules, vendiendo el fruto cosechado.

Yo, aunque amargado, no perdía mi fe. Continuaba como Hermano Cheo llevando el mensaje de Dios para las almas. Yo no desviaba mis ojos de mi maestro: Jesús. Cristo, que es Dios, también se vio en momentos de apuros. La palabra lleva consigo el significado: misionero, mensajero amigo de Cristo. No es mayor el discípulo que el maestro. A la vida del misionero le acompañan alegrías, risas, sufrimientos, llantos y tristezas en su camino. Le esperan espinas que hincan las plantas de sus pies y vidrios que hieren a sus pies. Desde que me abracé a la cruz como misionero, si me glorío, que sea en la cruz de Cristo. Siempre me refugie en las palabras de San Agustín: "El amor hace suave toda fatiga".

Consulté a mi director espiritual y al presidente de la Congregación, quienes me aconsejaron el dejar la agricultura y que regresara a la misión.–

Para octubre del año 1970, (semana del 5-10) Puerto Rico pasó por un serio fenómeno climatológico. La depresión tropical desatada fue histórica por los daños que ocasionaron. Los períodos de lluvias fueron excesivos. Según fue reportado, "Jayuya tuvo el máximo de precipitación: 41.68 pulgadas, de las cuales diecisiete pulgadas cayeron en veinticuatro horas". Eran muy fuertes. No cesaba de llover. Sobre veinte ríos salieron de su cauce, y hubo destrucción de puentes y carreteras. Todos tenían que hablar sobre las inundaciones del 1970 y, lamentablemente, fuimos víctimas de aquel fenómeno atmosférico. Las lluvias invadieron los ríos y nuestro muy insignificante río Caricaboa, que más bien parecía una quebrada, demostró tener fuerzas enérgicas de la mar brava destruyendo un pequeño puente previamente construido por mi padre durante seis arduos meses.

Una vez más quedamos incomunicados. Recuerdo que, a nuestro regreso de la escuela, mi padre nos cargaba a hombros por el río, siendo sus brazos el puente para llegar a nuestra casa. Para entonces, trabajaba como obrero en la Autoridad de Energía Eléctrica. Nuestra hermana mayor, Iris, ya empleada en una fábrica, se hizo responsable de los gastos de la casa. El sueldo devengado por mi padre sería empleado para los gastos de la construcción de un nuevo puente que se había propuesto construir. Trabajaba de día y las noches las dedicaba a su obra. Dormía escasamente tres horas. Pidió permiso al párroco para trabajar los domingos después de misa y le fue concedido. Los vecinos se le fueron en su contra. Muchos se burlaban demostrando así su poca fe. "Don Abad, está loco, construyendo un puente para que el río se lo lleve nuevamente. "Jamás lo terminará". Estos eran los comentarios que se oían. Otros levantaron calumnias. Pedía ayuda y recibía reproches. ¡Qué fácil resultaba criticar para muchos, y que difícil les resultaba obrar!

Un sábado mientras ligaba cemento, observaba un amigo que se encontraba en la carretera dialogando con un policía conocido. A él nunca le importó lo que podrían haber estado hablando. Sólo observaba que le miraban. El domingo saliendo de la misa de ocho y media, el policía llamado Santos, al ver a mi padre le dijo: "Juan, te voy a hacer una pregunta. ¿Es verdad que usted maldijo la madre del que lo ayudara en el puente?" "¿A qué se debe la pregunta?", le preguntó. "Porque ayer, mientras usted trabajaba yo pregunté a alguien por qué no le ayudaban si era un servicio para la comunidad, y la persona me contestó de esa manera". "Si usted quiere creerle, créalo. Pero yo desearía que alguien me diera una mano; que me echara, aunque fuese una piedra en uno de los moldes", le contestó siguiendo su camino a la casa.

Ese mismo día, luego de desayunar que fue a trabajar, uno de sus vecinos, Domingo Cruz le señaló: "Abad, yo lo miro de mi casa cómo usted trabaja solo y mi deseo es ayudarle, pero me dijeron que usted maldijo la madre del que le ayudase". También le contestó lo mismo que al guardia.

Y mi padre en su dolor, y muchas veces bajo aquellos momentos de ira, suplicaba al señor: "Ten compasión de mí, Dios mío, pues hay gente que me persigue; a todas horas me atacan y me oprimen. A todas horas me hieren con palabras; sólo piensan en hacerme daño". (Sal 56,1-5) Y su fe le animaba y le fortalecía: "Confío en Dios y alabo su palabra; confío en el Señor y no tengo miedo". "¿Qué me puede hacer el hombre?". (Sal 56, 4) Y recobraba energías suficientes para proseguir con su labor. "Es verdaderamente imposible encontrar a alguien en el cual yo pueda confiarme más", pensaba. Y trabajando, se perdía en estos pasamientos que eran fortaleza para su alma.

Ese mismo día tenía que remover una tubería de agua que consistía en tres tubos galvanizados de media pulgada. Por ser difícil, le pedí un favor a alguien que subía de la misa conmigo y que era dueño de uno de los tubos.

Le contestó: "Cuidado si usted me rompe el tubo del agua". Fue la contestación que le dio al favor que le había solicitado. Mi padre le contestó: "Hermano, están en mi propiedad. Si se rompen usted lo arregla". Listo para iniciar la obra se dijo a sí mismo: "Cristo, mi Dios amado, y tu Virgen María, ayúdenme ya que estoy solo. Si se rompen que sea tu voluntad". Los levantó y, en el nombre de Jesús, quedaron colocados mejor de lo que estaban. Dio gracias a Dios y siguió trabajando tranquilo.

Poco a poco su obra iba levantándose. Cuando ya le faltaba la última columna se quedó sin recursos económicos. No le había llegado la ayuda federal que le habían asignado, ya que fueron muchos los puentes que se habían destruido. "Si Dios está conmigo, ¿a quién voy a temer? Que venga mi rival, dice uno de los salmos". Sentado sobre una de las columnas ya construidas, e inclinado hacia adelante como si ya no pudiese soportar el cansancio que le embargaba, pensaba: "Señor no tengo dinero para comprar material y poder comprar lo que falta aquí".

Su pensamiento fue interrumpido cuando alguien se le acercó e interrogándole le dijo: "¿Abad, ¿qué piensa?" Rendido por el cansancio, le dejó saber. "Me faltan dos quintales de varillas y diez sacos de cementos y se me acabó el dinero". Luego de dialogar sobre alrededor de unos quince minutos, aquel señor se marchaba, quedándose él ofuscado en sus pensamientos. A los pocos minutos, aquel señor llamado Nicio Gandía apareció nuevamente y le hizo entrega de ciento cincuenta dólares, indicándole que comprara lo que le hiciera falta. "Y si puede me paga, y si no, no se apure", le dijo. Mi padre pensó: "Quien a Dios tiene nada le falta".

Pero la envidia y el odio no se dejaban esperar. En esta ocasión, un hombre del gobierno vino a parar su obra a consecuencia de las calumnias levantadas por los vecinos. "Este viene a parar mi obra", pensó al verle. Este señor, al llegar donde él, sacando una libreta de su bolsillo le dijo: "Buenos días". "Buenos días", mi padre le contestó mi padre. "¿Usted es el que está construyendo el puente, solo?" "No señor", le contestó. Mi hijo, que está desayunando, Dios y la Virgen Santa, que ni usted ni yo podemos verlos, son quienes me ayudan". Y él le dijo: "Con esos, que no podemos ver, siga trabajando", regresando a su vehículo.

Al día siguiente le dijeron que había ido a la alcaldía señalando: "Dejen a ese hombre quieto. Es el hombre de la fe más grande que he visto. Me señaló que había cuatro trabajando con él: su hijo, él, Dios y la Virgen que no podíamos ver. Me dejó mudo". "Otro triunfo más con mi Dios y mi madre María".

Después de nueve meses de trabajo arduo, (noviembre 1970 a julio del 1971) de grandes sacrificios y calumnias sobre su persona, dio por terminada su obra. Él mismo vio levantado sobre columnas el puente que tantos tragos amargos tuvo que enfrentar inmerecidamente. Padeció, sufrió, lloró, pero siguió adelante con Jesús y María Santísima y los santos de su devoción.

—Aunque en ciertos momentos sentí coraje como hombre y humano, supe perdonar. Jamás podría olvidar las palabras del hermano Carlos: "Perseguido serás hasta la tumba". Recuerdo, recién construido el puente, una tarde llovió y el río creció bastante. Estando, cenando con mi esposa, observaba a través de la ventana del comedor que Doña Aurelia -una vecina- y sus dos hijos, habían llegado con su compra y porque decían que no se les permitía pasar por el puente, se arriesgaron a pasar por el río crecido. Yo lo observaba todo y lo sufría. No pude comer. No niego mi debilidad y lloré. Habiendo por donde pasar sin peligro. Sé que pontífice significa puente, y puente significa algo que une un extremo a otro. Para mí, el puente lo quiero, no sólo para el uso material, también quiero que me sirva para pasar de este mundo al cielo, haciendo favores al prójimo. Pero como señalé antes, creo ser probado en el dolor y las pruebas son señales de que Dios nos ama.–

Ya construido el puente, que hoy día tiene cuarenta y nueve años de haberse construido, todos querían beneficiarse. En esta ocasión, una cuñada pidió permiso para pasar mil doscientos bloques de seis pulgadas. Según acordado con mi padre, los pasaría de cien en cien en el camión de un vecino. El permiso le fue concedido. No encontrándose mi padre presente, los pasó todos a la vez. Gracias a Dios nada paso. Pudo haber sido una desgracia, pero eso no fue nada. Para él se abrían las puertas del abismo, y fue azotado por los vecinos como les dio gusto y gana.

—Padecí sufrimientos llorando, pero también riendo, pues seguía adelante con mi Dios, mi Jesús, María y los santos de devoción.–

El vecino, dueño del camión, se le fue en contra. No sé por qué, ya que había buena relación. Pero según él, se había convertido en Testigo de Jehová y desde ese momento en adelante todo fue un infierno. Mi padre había construido una casa para su hijo mayor Hipólito, en un cuadro de terreno de su propiedad. Este señor había ido a Utuado con un grupo de la comunidad, a la oficina de Servicios Sociales, alegando que la casa se había construido en su camino, por lo que debería ser destruida, y donde quería que más tarde se construyera una carretera.

Este incidente había sido viernes, lunes debía presentarse en las oficinas de Utuado. Antes, pidió permiso y habló con el ingeniero Berceo. Este ingeniero le señaló que un grupo de la comunidad había ido con el propósito de que se enviara a destruir una casa que había sido construida. La persona que hizo la petición también había solicitado el que se le diera una máquina, ya que ella misma la destruiría. Mi padre le preguntó al ingeniero si tenía treinta mil dólares, que era el valor de la casa, sino se metería en un problema. El ingeniero quedó en ir miércoles para medir el espacio correspondiente al terreno. El señor que le había acusado estuvo también presente. Al medir el terreno se comprobó que aún el camino por donde ellos pasaban también era de nuestra propiedad. Fue entonces cuando el ingeniero le indicó a mi padre: "Ellos pasan si usted quiere". "Para mí no hay problema, lo que tengo es de Dios. Y Dios nos ama a todos. Cuando muera nada me he de llevar", le contestó mi padre. Este señor insistía en que tenía que destruirlo.

—Luego, mi hija Iris quiso que construyéramos en cemento la casa donde vivíamos. Ella se encargó de los materiales y yo de la labor. Ya lista la casa para echar el techo en cemento, nos habíamos pasado a la casa que había construido para mi hijo Hipólito. Fue entonces cuando otra de mis hijas, la menor, fue en mi busca asustada y llorando, ya que la casa de mi hijo la estaban destruyendo. Al llegar se controló. La casa temblaba, ya que estaban sacando terreno y la pala rozaba con la pared. El señor quien lo había acusado anteriormente era quien dirigía al chofer que manejaba la máquina. Mi padre no niega que aquí sacó todo su coraje y hasta le gritó charlatán, y como era un cobarde se escondió en su casa. Sufrió un ataque de nervios.

Por la tarde el guardia se presentó a su casa. Fue citado para comparecer a la corte, ya que este señor lo había denunciado por provocación y haber llamado adúltera a su esposa, a quien apreciaba por ser buena mujer. Y usó la palabra "adúltera" porque aquí no cabe la palabra vulgar de la que se le acusó.

—Para entonces me encontraba predicando en el barrio Canalizo de Jayuya. Los sentimientos humanos me traicionaban, perdí el apetito, no podía dormir, por lo que estuve así por quince días. Mi esposa estaba preocupada, ya que estaba predicando sin comer y me estaba afectando.–

Un día llegó a las diez de la noche de una de las misiones. Dispuesto a descansar, colocó la imagen de la Virgen sobre la cama, se hincó y le dijo:

—"Virgen María, tú ves como yo me encuentro calumniado y en cortes por cosas que no he dicho. Escucha lo que te voy a decir. Resuelve tú el problema, que no tenga que ir a la corte. Bien sabes que a mí no me gusta estar en estos sitios, y dame sueño que estoy cansado".–

Su dolor callado y sufrido era depositado en el corazón de la Madre lleno de confianza. Una vez hizo las oraciones, se acostó despertando al día siguiente. Día en que le esperaba una tarea ardua, ya que le echarían el techo de la casa. Terminaron a las cinco de la tarde. El hombre daba vueltas y miraba hacia donde nos encontrábamos nosotros, recostándose sobre un garaje que tenía de frente. Exhausto, a eso de las cinco y cuarenta y cinco fue a ducharse para rezar y descansar mientras pensaba: "Si tuviera que predicar un día como hoy, sería obligado".

Luego de bañarse, se sintió liviano, comió y le dijo a su esposa: "Voy a misa". Ella le pidió que descansara, pero dijo: "No, voy a misa, y voy caminando". No sabía que la petición a la Virgen estaba por realizarse. Ya de camino a la iglesia, al llegar a la carretera vio que aquel señor estaba recostado sobre el garaje. Al llegar, le dijo: "Don Juan, perdóneme que yo lo calumnié el lunes. Voy a quitar la denuncia". Mi padre le contestó: "No me has hecho nada. Perdóname tú a mí". Entonces le echó los brazos y siguió camino a la iglesia para participar de la santa misa.

—Recordé que había festividad en la parroquia en honor a la Virgen. El párroco había invitado para que predicara al diácono Jesús María, de Ponce. Faltando poco para comenzar la misa, el diácono llamó al sacerdote indicando que no podía asistir. La iglesia estaba llena de fieles. En ese mismo instante iba entrando a la iglesia, cuando apareció el padre William, párroco, indicándome: "Hermano, a buscarlo iba. El diácono no puede venir y usted tiene que predicarme. Diríjase al altar para hacer llegar el mensaje mariano a la comunidad". Anteriormente, había pensado: "Si tuviera que predicar sería obligado", pero María había calmado mi cansancio al obrar en mi amigo Paco, para que predicara en honor a Ella. El hombre propone y sólo Dios dispone. Después de Cristo, María es todo para mí. Ama mucho a María y estarás amando a Jesús.–

Durante la Cuaresma de 1980, fue enviado por el Hno. Marcelino Velázquez, presidente de la Congregación para entonces, a predicar a Vega Baja, al barrio Parcelas Amadeo. Repito las palabras dichas: "No hay matas de rosas que no tengan espinas". Ya comprenderán lo que quiero decir.

Para ese mismo tiempo, en marzo, durante la Cuaresma, tenía un retiro en Peñuelas. Durante la misma semana daba conferencias a los jóvenes por el día, y por la noche predicaba en Yauco.

—La última conferencia fue domingo, por lo que llegué a mi casa para descansar un poco, ya estaba muy cansado, y salir al día siguiente a Vega Baja para dar comienzo de la predicación.–

Al llegar la Parroquia Nuestra Señora del Rosario, el párroco José Tensara, lo llevó a la casa de la familia donde se predicaría. No obstante, sentía un disgusto espiritual; presentía como que algo me iba a suceder. Desconocía que con aquel trago amargo Dios quería ponerlo a prueba nuevamente, y quizás hacerle digno del premio que le tendría reservado. La familia donde se llevaría a cabo la misión no la había anunciado. Por lo que le preguntó el padre: "¿Qué vamos a hacer?". Mi padre le contestó: "Consígase micrófonos y un cable, que yo lo instalo e invito a la comunidad a la santa misión". Así se hizo.

Para las siete de la noche, después de haber avisado a la comunidad comenzaba a llegar gente. Mi padre instalaba los micrófonos, cuando a lo lejos vio a otro hermano Cheo –carismático- que se aproximaba, era el hermano Rufino Hernández. Saludándole muy contento, continuaba su trabajo con los micrófonos. De repente escuchó al párroco que le llamaba: "Hermano, venga acá antes de terminar lo que está haciendo". Y sin reservas de ninguna clase, le dijo: "Hermano Juan, yo necesito un sólo hermano Cheo y hay dos. Sobra uno y ese es usted. ¿Quién lo envió aquí? Si yo no lo llamé, usted es un brindado. No lo necesito. Es un aprontado. No se abochorna. No lo necesito, se puede ir que yo quiero al hermano Rufino", sostuvo el párroco en tono grotesco.

Mi padre nervioso, abochornado y ofendido por su actitud inexplicable, quiso aclararle que estaba allí por mandato del presidente. Siendo sus esfuerzos inútiles, le suplicó que por lo menos no lo tratase así.

—Soy pobre, soy hombre de poca educación, no sé nada, pero también soy misionero enviado por la Iglesia a esta parroquia. Tráteme con respeto y con un poco de amor, y perdóneme que le diga estas palabras. Tráteme con dignidad si es que sabe algo de los regalos de la humanidad y de moral. Usted es un sacerdote, deme ejemplo. No me trate así, por favor". Me contestó: "Usted es un brindado. Le repito, váyase, no le necesito". Desconecté los micrófonos y los eché al carro. De regreso a la casa, mi yerno Sergio, que me acompañaba, era quien conducía. "Yo no era el que regresaba con la vergüenza que había pasado". Llegamos a Arecibo a las ocho y media, donde luego de descansar un rato, me dispuse regresar a mi casa. Llegué a las once de la noche llorando, como el boxeador retirado, firme para entregar los guantes. "No predico más".–

Sí, ese mismo día había llegado a nuestra casa dispuesto a no predicar jamás. Y cuando ya parecía perder sus esperanzas, no fue sino mi madre quien pudo levantar su moral destruida. Quien con su mensaje no le hizo ver sino las palabras de Jesús: "Vengan a mí los que se sienten cansados y agobiados porque yo los aliviaré". Carguen con mi yugo y aprendan de mí, que yo soy paciente y humilde de corazón, y sus almas encontrarán alivio. Pues mi yugo es bueno y mi carga liviana". (Mt 11, 28-30). "No te dejes vencer por el mal; antes bien vence el mal con el bien". (Rom 12, 21) "No es digno de mi él que no toma su cruz para seguirme. El que procure salvar su vida la perderá, y el que sacrifique su vida en mí, la hallará". (Mt 10, 39)–

Decía San Agustín: "siempre la alegría más grande, va precedida de un tormento." Y efectivamente, para la semana siguiente Cristo le devolvía las tristezas en alegrías, durante sus dos semanas de misión en la Parroquia Santa Cecilia en Arecibo con el padre José

María. Dice el salmo: "Si el afligido invoca al Señor, él lo escucha". Pero Dios le tenía reservada una satisfacción mayor.

Con la llegada a Puerto Rico de quien en vida fuera, nuestro santo padre el Papa Juan Pablo II en el 1984, se escogieron quince hermanos Cheos - acólitos, quienes comulgaron de las manos del Papa y ayudaron con la distribución de la santa Eucaristía en esa santa misa celebrada por él. Esta se llevaría a cabo en el estacionamiento de Plaza las Américas en Hato Rey. Él fue uno de ellos. Luego tendrían que asistir por media hora a una conferencia con el Pontífice en la Universidad del Sagrado Corazón, en Santurce. Para su sorpresa, se encontró allí con el párroco anteriormente mencionado, quien lo llamó, le abrazó y muy alegre le dijo: "Hermano,

¿cómo está? ¿Cuándo va a volver a mi parroquia para predicar? La comunidad quedó encantada con la misión mariana que usted predicó". Mi padre asombrado de lo que escuchaba, quedó absorto, atónito, perplejo. El padre proseguía: "¡Sí, hermano! Esa misión que nos predicó de la Virgen Santísima, ¡maravillosa!". Entonces despertando de aquella perplejidad que le había embargado todo su cuerpo, le abrazó contestándole: "Sí, padre, pronto volveré". Y juntos se marcharon para escuchar al santo padre. Pero su asombro fue tal que discutió el incidente con Monseñor Herminio De Jesús Viera, quien muy firme le aseguraba: "Hermano, guarde silencio. No diga nada. Esa misión la predicó usted como sólo Dios sabe". Muy bien fue señalado por San Agustín, "siempre la alegría más grande, va precedida de un tormento".

La vida del misionero, así como la vida de todo el que esté dispuesto seguir a Cristo, está acompañado de alegrías, risas, sufrimientos, llantos y tristezas. Esto señalaba mirando su pasado e ignorando quizás lo que tendría que vivir más adelante. Realmente le esperaban espinas que le hincarían en lo más íntimo de su ser. Eran muchas las alegrías que aún le faltaban por cosechar, pero también eran muchos los sufrimientos que Dios le tenía reservados. Sufrimientos que le ayudarían poco a poco a purificar su alma, a comprender mejor el significado de éstos, a estar consciente que eran necesarios para comprender mejor la cruz vivida por Cristo y caminar a la santidad.

Del 1972 al 1976 se dedicó a construir hogares a cinco familias que no tenían recursos económicos. Ellos compraban el material y él ponía la mano de obra, y por la noche salía a misionar.

En el 1983 fue llamado por la Congregación a predicar retiros a jóvenes. Fue acogido con buen agrado por la juventud.

—Recuerdo las muchas cartas que recibía de muchas jóvenes refiriéndose a mí como el abuelo.–

Como buen hijo, siempre estuvo al cuidado de su madre. En la mañana del 24 de octubre del 1984, a eso de las nueve la encontró temblando, la sentó en su hamaca y como no mejoraba, la llevó al hospital. El viernes de esa misma semana tenía retiro de señoritas en Peñuelas. Eran las tres de la tarde y le dijo: "Mamá, hoy tengo retiro de jóvenes en Peñuelas. Te llevaré a casa de Carmen, mi hermana. Le diré que si no ven mejoría en ti, que me llame".

—Ella parecía que estaba conociendo su partida y me dijo: "Vete, hijo, que yo te espero". No comprendí aquella frase "te espero"; de lo contrario no hubiese ido al retiro. La llevé a casa de mi hermana Carmen, la acosté en la cama, le di un beso y le pedí la bendición, repitiéndome una vez más: "Vete, que yo te espero". Fui a Peñuelas, llegando a las seis de la tarde. Había sesenta y seis jóvenes para el retiro. Y sólo estaba el diácono David, quien me dijo: "Hermano, gracias a Dios que llegó usted, porque todos se excusaron. Yo estoy sólo y tengo que salir. Le expliqué el problema con mi mamá, invitándome a que fuésemos al Santísimo donde hicimos oración. Por fin me quedé sólo en el retiro, sin saber que el mismo sería como preparación de lo que me aguardaba.

Estuve los tres días predicando solo en las conferencias, excepto dos de las cuales fueron ofrecidas por los diáconos David y el hermano Carmelo Vázquez. El domingo se celebró la santa misa y luego la clausura del mismo. Fue una alegría ver la gracia de Dios reflejada en cada una de aquellas jóvenes. A las seis menos cuarto, salía para mi hogar con mi madre en la mente.–

Al llegar a las siete, que preguntó por ella, se enteró que su hermano Emiliano la había llevado grave a su casa. Cuando llegó a verla estaba en estado de gravedad, pero con todo su conocimiento. Lo abrazó, lo bendijo y le dijo: "Te estaba esperando. Yo voy a morir, pero no hoy. Mira, no me veles en tu casa; me velas en mi casa. Mándame a poner el traje negro que uso los viernes de Dolores. No me entierres con Chévere y ni me eches en el cajón negro, refiriéndose al carro fúnebre; quiero que me lleven de mano. La imagencita de Fátima que me diste, cógela y sigue predicando con ella y el chinero dáselo a Luis. Y mañana me llevas a casa. No quiero morir aquí. Vete a dormir, mira cómo estás", refiriéndose a su físico marcado por el cansancio.

Tuve tanta fe en sus palabras que regresé a mi casa, me di un baño y como estaba rendido, pude descansar. A las seis de la mañana me llamó mi hermano para decirme que estaba grave. Para las diez de la mañana me encontraba con ella en la casa donde era asistida con un suero y oxígeno, pero con todo su conocimiento. A las dos, avisé a la familia porque había peligro de muerte. A las nueve y cuarto le pregunté si quería que le rezara el rosario, a lo cual me contestó que sí. Rezamos el rosario y ella también rezaba las últimas Ave Marías en este mundo. Finalizando el rosario, comencé con la recomendación de su alma seguida con la oración de San Miguel Arcángel. Me acerqué a ella y coloqué con mis manos sus quijadas. Entregaba su alma a su Creador y a su bendita madre María.–

Entre rezos se podía observar la palidez de su rostro, tornándose blanco. Fue así como su alma voló al encuentro con Dios para despertar a la vida eterna. Mi padre, siendo fiel a aquella petición continuó su jornada.

—Pero Satanás se empeñaba en perseguirme. Vino un señor a vivir más arriba de mi casa y pidió permiso para pasar el transporte a casa de su hijo. Según él, lo pasaría poco a poco. "No tiene que pedir permiso, páselo", le indiqué. Yo mismo le ayudé a acomodar todo. En mi casa, para ese mismo tiempo teníamos las cruzadas del rosario en todas las comunidades. A nosotros nos tocaba el sábado. Ese día había ido a comprar una lima que necesitaba para amolar un machete. Al entrar a la tienda, estaba ese señor sobre la mesa de billar y me dijo: "Usted parece ser guapo". "No señor, porque del guapo, ni del cobarde se ha escrito nada", le contesté. El hombre insistía con lo de "guapo". Comprendiendo lo que había, dejé la lima para otro día. Al bajar el hombre, saltó a sus pies y le dijo: "Yo le parto a usted la cara y a sus hijos". "Señor, déjeme quieto, por favor", le contesté. Yo, en la presencia de Dios, le pedía que no me dejara caer en tentación. "Virgen auxíliame", repetía mentalmente.

Dirigiéndome a mi hogar, el hombre comenzó a maldecir mi madre anciana de ochenta años, a quien amé mucho y sigo amando. Sentía que el mundo se me venía encima, portando a su vez en mis manos un machete, y el dolor derramado en mis lágrimas. Las palabras de aquel hombre quedaron grabadas en mi mente: "Maldita sea su madre; maldita sus pechos, la leche que te alimentó…", y me abstengo de decir lo que dijo por ser degradante. Todo eso pude soportarlo pensando que era un misionero y no podía dar mal ejemplo y que tenía a Cristo en mi corazón. Creo que por eso pude soportar tan brutal insulto a mi madre. Llegué a la escalera de mi casa, pero el hombre, mejor dicho, Satanás, no se callaba. Sus palabras referidas a mi madre retumbaban en mi mente sin parar una y otra vez. Precisamente ese mismo día cumplía cinco años y dos meses de haberse ido al cielo. Tuve que ir al cuartel, ya que el continuaba provocándome. No hubo nadie que fuera testigo. El señor de la tienda lo había protegido. Últimamente me veía casi derrumbado ante la tentación.

Fue una lucha fuerte. Las palabras hicieron una herida tan profunda en mi corazón que no podía borrarlas de mis oídos. Confieso mi culpa en esos momentos. Siendo el coraje y el dolor tan fuerte, pensé vengarme. El dolor me ahogaba y no podía dejar de llorar.–

Esa noche se llevaría a cabo la cruzada de oración en el barrio Collores. Sin que nadie se diera cuenta, echó un machete debajo del asiento del carro con el fin de vengarse de aquel señor; sabía dónde encontrarlo solo. Cuando llegó al barrio dejó su carro estacionado, como a doscientos pies de distancia, dirigiéndose luego donde se encontraba el público. Había como doscientas personas. Estaban proyectando los misterios de la pasión de Cristo. Se encontraban en el primer misterio de dolor, donde se podía ver a Jesús, sudando sangre. Pero Juan no podía librarse de aquella trampa que le había tendido Satanás, sin dejar de llorar. Al terminar la película, se fueron todos. Él se quedó solo sentado a la orilla de la calle. Sus mejillas estaban apoyadas en sus manos y sólo escuchaba una palabra: "mátalo".

En ese momento, según señalado por él: "Llegó Cristo y la Virgen para librarme". Sintió una mano que ponían en su hombro y le dijeron: "Juan, ¿qué haces aquí?" No podía hablar. "Juan, ¿qué haces aquí, dime?". Al mirar, era padre Antonio, sacerdote español, vicario en la parroquia.

—Lo digo con toda mi fe. Había llegado Cristo para liberarme de aquella enfermedad de muerte que me agobiaba. Me dijo: "Ven para la orilla que estás en medio de la calle. Dime Juan, ¿qué te sucedió?" Luego de explicarle, señaló: "Juan, en lo que llevo de sacerdote no había visto, ni escuchada prueba más grande que ésta. Oye lo que te voy a decir: Tú eres misionero acólito de la Iglesia. No hagas lo que estás pensando. Vota ese machete que tienes en tu carro, que no faltará quién le rompa la cara, pero que no seas tú. Porque te va a pesar sin remedio". En mi llanto, me hinqué pidiéndole la bendición. Al bendecirme, sentí cómo se me destaparon mis oídos de la sordera que tenía, quedando tranquilo. Fue cuando sentí que Cristo me liberó. Me dirigí a mi casa. Allí estaba el hombre. Guardé el machete.–

El domingo había salido a Ponce, y a su regreso en la tarde supo que al mediodía alguien le había pegado unas bofetadas, vendió la casa con todo y se fue.

—Se cumplió la profecía de padre Antonio. Una vez más Cristo y María me liberan de los "enemigos de cuerpo y alma". Gracias Señor por tantos beneficios sin merecerlos.

Cristo está conmigo
Junto a mí va el Señor
Me acompaña siempre
En la vida hasta el fin
Ya no temo Señor la tristeza
Ya no temo Señor la soledad
Porque eres Señor en mi vida
El camino, la verdad. Amén

Como Hermano Cheo y cristiano, mi vida es hacer favores al prójimo en todo lo que pueda. Y ahora, lo que hago es escribir mi vida desde que me abrase a la cruz como misionero. Humildemente digo, al igual que San Pablo, "si me glorío, me glorío en la cruz de Cristo". Mi vida como hermano Cheo ha sido una vida de amargura y persecución, de la cual, doy gracias a Dios. Con algo tengo que pagar mis pecados, aunque ya confesados y perdonados. Y a ejemplo de San Pablo sostengo que la cruz es motivo de gloria". (Gal. 6, 14)

Para ese mismo tiempo tuvimos la pérdida del hijo de una sobrina. Había muerto ahogado en la Piedra Escrita en el barrio Coabey. La Piedra Escrita es una gran roca situada en el Río Saliente que tiene dibujados diferentes petroglifos. Por su ubicación, esta roca forma una poza natural grande como parte del río. Él tenía diez años. El día de su entierro hablé con el párroco, padre Noel, para comenzar la novena, tener lectura bíblica todos los días y el último día de la novena terminar con la santa misa. "Muy bien, hermano", me contestó. El día antes de la última novena, la familia había venido de Estados Unidos. Pregunté si había confesiones, por lo que se preparó un cuarto privado. ¿Quiere que ponga al hermano Gervasio a hablar?, le pregunté al sacerdote. "No", me respondió. "Está bien, padre", le respondí.

La misa comenzaría a las siete. Se rezó el rosario. Había mucha gente. A las siete y media, padre Noel llegó rápido comenzando a prepararse para la misa y en voz baja le dije: "Padre, hay una persona que quiere confesarse". "¿Quién le dijo que había confesiones? Que vaya a la iglesia, si quiere", me dijo en su tono de voz fue fuerte. ¡Dios mío! La sangre se me quería salir por los poros del bochorno. Para disimular, dije al público: "Por ser tarde, no habrá confesiones".–

Al terminar la misa, le preguntaron si el padre aceptaría un dinero.

—"Bueno, creo que sí", respondí. Me dieron cinco dólares con veinte centavos. "Tenga padre para el sostenimiento de la iglesia", le señalé. "¿Quién le dijo a usted que yo soy limosnero? Llévelos a la iglesia". Entonces, abochornado le devolví el dinero a los dueños. El padre regresó a la parroquia. A los ocho meses fui a confesarme con padre Antonio. Yo recordaba el pasado, pero sin coraje.–

Al regresar al hogar sintió deseos de volver a la casa parroquial y hablar con el párroco. Así lo hizo. Cuando tocó a la puerta, quien abrió fue padre Noel.

—¿Qué quieres, Juan?, dijo el padre.

—Sí, padre, deseo hablar con usted. Fuimos a la oficina. Le expliqué cómo me había tratado delante del público durante la última novena, negando lo que le había señalado. Mirándome fijo a la cara me dijo:

—Juan, yo nunca te trato así.

—Sí, padre lo hizo.

—Juan, no puedo recordarlo. Perdóname si lo hice.

—No es para que me pida perdón, padre. Es para yo poder estar tranquilo. Perdóneme usted a mí. Nos dimos la mano y salí de allí contento y alegre.

Hermanos, somos recipientes y siempre tenemos polvillos en el fondo, pues somos humanos. Cuando Jesús le dijo a sus apóstoles sobre la muerte que iba a padecer, Simón le dijo: "Imposible, maestro". Entonces qué le dijo Jesús: "Apártate de mí Satanás". (Mt. 16, 23) Los hombres piensan como los hombres, no como Dios. A pocos minutos de haberle hecho príncipe de los apóstoles, le llama Satanás. Meditemos y reflexionemos que somos nada. Si esto fue a Simón, quien soy yo, para que me pase esto. Sólo puedo pensar y decir:

"Dios me ama mucho siendo yo pecador". Como hombre necesito la ayuda de Dios para poder caminar en la viña del Señor. Siempre pongo como ejemplo lo siguiente: "Si recibimos una fractura en una pierna, el doctor recomienda enyesarla. Luego de haber estado un tiempo en el hospital, al darle de alta, le recomienda dos muletas para poder andar seguro. Tiene que usar ambas; si usa una, corre peligro de poder caer y lastimarse o fracturase la otra pierna". Ese hombre soy yo. Creo que no he caído por tener las dos muletas continuamente, día y noche. Jesús es la muleta del lado derecho, y María Santísima la muleta de la izquierda. El que desea estar seguro, que no abandone esos dos soportes, de lo contrario caerá. Si el afligido invoca al Señor, Él le socorrerá; y ¿quién será que llame a la Madre que no lo oiga y venga a su protección?–

Para este mismo año, siendo también muchas las contradicciones en el camino de la misión, pensó retirarse y seguir como soldado de la fila en la santa madre Iglesia. Un día en que meditaba sintió deseos de no hacerlo.

—Me habló la conciencia: Dios no te pedirá cuentas de lo que has hecho, pero sí de lo que pudiste hacer y no lo hiciste, pensaba. Si Cristo vino a buscar al hombre por amor, y en ese camino encontró sufrimientos y desprecios hasta llegar a la muerte…, pues quién soy yo que no acepto en el camino de la misión algunos momentos de sinsabores. ¡Sí, Cristo! Te seguiré hasta el final, pero no me abandones en los momentos de mayores pruebas.–

Entonces recordó las palabras de San Alfonso María de Ligorio referidos a María Santísima: "No hay dolor igual a mi dolor", comprendiendo cuán necesarias nos eran las pruebas de dolor y sufrimientos. "Sucede que en el interior de todo bloque de mármol hay oculta una imagen; y así como es imposible ponerla de manifiesto sin mutilación y sacrificio, de igual manera es imposible revelar la divina imagen, que hay en todos y cada uno de nosotros, si no es a costa de mutilación y dolor": (Schneider 1989) Y esta medicación y dolor tenía que seguir sufriéndola.

Así continuó en la misión hasta el final de sus días.

Para el año 1985, a la edad de 63 años, continuaba su peregrinar apostólico, pero esta vez como Hermano Cheo penitente. Aproximadamente, estuvo cinco años en esta Congregación de los Hermanos Penitentes de la Eucaristía y María Santísima.

Después de ochenta y seis años de la fundación de la Congragación de San Juan Evangelista Hermanos Cheos, el espíritu original de ésta parecía no ser el mismo. Fue entonces cuando Dios y María Santísima comenzaron a obrar por medio del hermano Herminio Barreiro, (que en paz descanse) quien consideraba que la Congregación estaba en crisis de estancamiento y pasividad. Había llegado el momento de poner en marcha la obra de un nuevo resurgir en la Congregación, con el objetivo, a su vez, de solidificarla y unirla. Los propósitos de este nuevo resurgir fueron discutidos con mi padre. (ver apéndice C)

Este hermano sintió el mandato de que por medio de la predicación se lograra que el pueblo de Dios volviese a Él, mediante el ejemplo penitencial. "Así, mientras se predicará se haría penitencia agradable a Dios por los pecados nuestros y los del pueblo", citaba el hermano. Mi padre, que había guardado silencio mientras se le explicaban los objetivos de este resurgir, finalmente señaló: "Hermano..., esto viene del cielo".

El hermano se dirigió más adelante a discutir individualmente sus propósitos con el director espiritual de la Congregación, Monseñor Herminio de Jesús Viera; y el Señor Obispo, Fremiot Torres Oliver. La contestación de ambos fue la misma de mi padre: "Hermano, esto viene del cielo".

Estando todos de acuerdo, se habló también con el presidente de la Congregación, Sr. Félix Rivera, quien ante la renuncia del Hermano Rocabel Chamorro en el 1985 le sucedió interinamente, siendo elegido en propiedad al siguiente año. El Obispo Fremiot Torres Oliver aclaró que estos hermanos estarían tres años fuera de la Congregación Hermanos Cheos como prueba, y luego, de querer reintegrase, podrían hacerlo nuevamente sin tener problema alguno.

No habiendo obstáculos, los hermanos escogidos fueron: Herminio Barreiro, Liberato Nieves, Bruno Milete, Pablo Cabán, Dionicio De León y mi padre. Fueron preparados por medio de un retiro de silencio durante tres días, dirigido por un sacerdote jesuita, Reverendo Lumen Dei, en la Casa de Formación en Peñuelas. Finalizado el retiro, se dio comienzo a la consagración a la Santísima Virgen. Encontrándose ante el Santísimo, fueron advertidos por el padre, en tres ocasiones diferentes, de que el que no estuviese de acuerdo podía arrepentirse, ya que estaba a tiempo. El sacerdote estaba seguro de que lo que les esperaba no era tarea fácil.

Todos guardaron silencio. Fue así como cada uno de aquellos penitentes hacían una promesa consagrada a la Santísima Virgen, que consistía en rezar los quince misterios del rosario durante la mañana y todos los rosarios que fuesen necesarios durante el transcurso del día. Su vestimenta consistiría en un traje penitentemente de saco, chanclas de cuero y un bastón. Su equipaje sería el crucifijo Cheo, el Santo Rosario y la Santa Biblia. Fue una promesa de oración y penitencia constante. Así comenzó a consolidarse la obra de los Hermanos Cheos Penitentes.

La primera misión penitencial fue en la Parroquia Nuestra Señora de Lourdes en el barrio El Tuque de Ponce. Los hermanos estuvieron caminando por las calles, rezando el rosario y haciendo vistas al Santísimo durante una semana. Muchos jóvenes les cuestionaban qué significaba aquella vestimenta y terminaban pidiendo sus bendiciones.

Después de cada predicación, se exhortaba a los feligreses para que les acompañaran al día siguiente al Rosario de la Aurora que daba comienzo a las cinco de la mañana. Todos estos rosarios eran ofrecidos por las necesidades en nuestras comunidades: el desorden social, drogas, asesinatos, odio, prostitución, etc. Todo para que el pueblo de Dios le reconociera y le alabaran como era debido. Finalizado el rosario, mi padre, por iniciativa propia y junto a los allí presentes, siempre ofrecía un cántico a María Santísima.

Su peregrinar penitencial continuó por los pueblos de Juana Díaz, Añasco, Mayagüez, Arecibo, Camuy, Quebradillas, Vega Baja,

Caguas y Jayuya. Y así esparciendo la palabra de Jesús, multitudes de fieles se reunían para escucharlos, volviendo muchos a los sacramentos por sus mensajes. ¡Para la Gloria de Dios!

Una vez en que se encontraba en la parroquia Nuestra Señora de Fátima en Mayagüez, en una misión de dos semanas fueron hospedados en la Casa Parroquial. Fue una misión muy concurrida y muy bien coordinada. El párroco, padre Ramón, les había solicitado que visitaran un hogar, que había visitado anteriormente con el objetivo de que el señor de la casa volviese a los sacramentos, y no había podido. El párroco responsabilizó a mi padre del grupo, por ser el mayor. Al llegar a la casa compartieron por un buen rato una conversación amena. Se había acordado que mi padre guardaría silencio y que sus compañeros penitentes estarían conversando hasta recibir una señal de él.

Aquel hombre de ochenta y cinco años, había hablado de toda su vida hasta el presente. Llegado el momento, mi padre rompió el silencio y dijo: "Mi hermano, le voy a pedir un favor, si es que se puede". "Sí, como no", contestó. "¿Tiene usted hijos"? , le preguntó. "Sí, tengo tres y me queda uno que es el que me da más candela", respondía. "Mire hermano, yo soy huérfano de padre y madre. El favor que le voy a solicitar es que me acepte como hijo adoptivo por diez o quince minutos ¿Me acepta? "Como no", respondió con entusiasmo.

Él se levantó de su asiento, se acercó al señor pidiéndole la bendición y le besó la frente. Luego prosiguió hablando. "Los hijos tienen que respetar y obedecer a sus padres. Pero también los padres, cuando los hijos tienen razón, deben escuchar y aceptar lo que el hijo les dice". Aquel señor con su cabeza inclinada seguía escuchando. Continuaba hablando él: "Papá, todo el tiempo que estuvieron los hermanos hablando con usted, yo guardé silencio, escuchando todo lo que tú hablaste. Y tienes razón en cuanto a los sufrimientos, alegrías, trabajos, los años que tienes y durante los cuales Dios y María Santísima le han protegido. ¡Qué bonito se escucha hablar de estas cosas! Pero papá, dime… ¿cuándo tú vas a morir?" "No sé", respondió. "Seguro, yo tampoco. Pero mira, a tu casa ha venido Cristo unas cuantas veces, te ha hablado de la muerte y de la vida, a través del sacerdote y no le has hecho caso. Hoy vuelve Cristo para hablarte y decirte que te prepares para la vida eterna. Tú siempre te has rehusado. Yo como hijo adoptivo, te pido que te confieses y recibas la comunión por primera vez. Tú eres bueno y Dios te ama".

Gracias a Dios, aquel señor hoy día continúa recibiendo el santo sacramento, llevando una vida práctica. Amparado por la Divina Providencia, mi padre cosechaba la alegría de estas conversiones señalando: "Cuando la gracia de Dios se deja sentir en otra persona, también la de uno se alegra".

—Continuando, relatando mi vida como misionero, recuerdo cuando misionaba en el barrio Plana de Isabela, cité a una niña de once años que me había acompañado a visitar los hogares. Yo pensaba en aquella nena, si estaría viva o no. Había pasado treinta y tres años que no había vuelto a esos lugares. En el 1987 fuimos cuatro hermanos penitentes. Durante una semana, estuvimos en vigilia día y noche, frente al Santísimo Sacramento, en oración, y a la siguiente semana comenzamos las predicaciones. Recuerdo que fui con el hermano Herminio por la capilla del Rosario. Al comenzar, el hermano Herminio me presentó al público. Llevaba en mis manos a mi Virgencita de Fátima. Yo lo veía todo tan distinto. No recordaba el físico de nadie. "Antes de comenzar con la oración, el hermano Juan va a cantar unos canticos", señaló el hermano Herminio. Me levanté, fui al altar con la imagen en la mano izquierda señalando: "Todos vamos a cantar":

El trece de mayo
la Virgen María bajó de los cielos
a Cova de Iría
Ave, Ave, Ave María

Luego de cantar varias estrofas, el hermano rezó el Ángelus y el rosario, procediendo con la plática. Yo prediqué. Ya para cuando rezamos el Credo, al finalizar se me acercaron dos señoras y un señor. La más joven me preguntó: "¿Es usted el hermano Juan Abad Figueroa, de Jayuya? La observé algo nerviosa. ¿"Siempre anda con esa imagen"?

"Sí", le contesté. Entonces exclamó: "¡Dios mío! Por fin puedo volver a ver a mi hermano". Me echaron los brazos y me besaron llorando. "Yo soy la nena de once años que andaba con usted en las misiones". La mamá no se quedaba atrás y el señor era el muchacho que sacó el cuchillo para mondar el mangó. A su hermano lo habían matado, por haber sido confundido por otra persona. Según me habían explicado, sucedió al día siguiente en que los había visitado a su casa. Y a su papá lo mató un buey el mismo día en que le mataron al hijo. La vida del misionero está llena de sorpresas; buenas y también desagradables.

Como todo termina, sentí como mi carro (mi cuerpo) se iba estancando. Mi salud poco a poco se agotaba. Terminando una misión en la parroquia en Caunilla me enfermé. Como de costumbre, nosotros a las cinco de la mañana rezamos el rosario de la aurora, por las calles de los pueblos en que nos encontrábamos misionando. Un día, como no podía salir lejos y comenzaba el mes del rosario, el último viernes del mes de septiembre avisé a toda la comunidad de mi barrio. Les expliqué de mi salud y luego les invité a mi hogar a las cinco de la tarde para rezar el Santo Rosario. Sería por altoparlante; luego pedía perdón si alguien se molestaba.

El sábado, 1 de octubre a las cinco de la tarde, ponía un casete de la Virgen con la canción: "Hoy he vuelto". Hubo alguien del barrio, que me mandó a decir que apagara esa porquería, y a los cinco minutos tenía la policía en mi hogar. Me llevó a la corte con una serie de mentiras. Salí bien. No se conformó con lo hecho, me llevó a la fiscalía; pero la Virgen me defendió y también salí bien. Aquí están las frases bellas: "Ponte en las manos de María y estarás en las manos de Jesús". "Más fácil es construir un edifico en el aire que hablar a un pueblo sin Dios". Y esto es lo que le sucede a este señor Testigo de Jehová, por quien pido por su conversión todos los días. Un día, estando en dirección espiritual, le consulté al párroco los años que llevaba sufriendo por la conducta de este señor, y me dijo: "No hay dudas, Dios quiere santificarme a través de esta persona".

El misionero se encuentra contento hablando las grandezas de Jesús y trata de que otros le sigan. Por ejemplo, predicaba un retiro en la Casa de Formación de Peñuelas. Usaba el hábito de saco. Era tiempo de receso. Me encontraba en el patio preparándome para la próxima conferencia. Llegó una señora y sentándose al lado, me dijo: "Padre, quiero confesarme con usted". "Yo no soy sacerdote". "Sí, pero quiero que sea usted porque lo que ha hablado ha llegado a mi alma en ese retiro". "Yo le puedo ayudar", y la llevó al sacerdote con quien se confesó. ¡Qué alegría sentí en mi corazón en aquellos momentos! Y una vez más hizo alusión a aquellas sus palabras: "No cabe duda de que cuando la gracia de Dios se deja sentir en la otra persona, también la de uno se alegra".–

En otra ocasión comenzó una semana de misión en el barrio Marqués de Ponce. Había un señor llamado Salen Rodríguez. El primer día de la misión fue en su hogar. Luego de cantar y hacer la plática, le pedí a este señor que ofreciera el rosario por el primero a quien le llegase la muerte, de los que estaban allí presentes. El martes se hizo el rosario en otro hogar por las mismas intenciones. Aquel señor Rodríguez continuó rezando los rosarios durante los siguientes días. Terminadas las misiones, regresé a mi hogar, cuando el sábado se me notificó que el señor Rodríguez había muerto en su casa tras sufrir un ataque al corazón. Fue cuando entonces en la comunidad, en tono de broma, lo veían y decían: "Mira el hermano que manda a rezar el rosario para uno se muera". A esto puedo añadir que la vida está llena de sorpresas y es una escuela que se aprende mucho.–

Pero momentos de infinita tristeza se acercaban para él. Momentos que me hicieron recordar los versos del gran poeta César Vallejo: "Hay golpes en la vida, tan fuertes

… ¡yo no sé!".

Conociendo de la gran sensibilidad innata en el corazón de mi padre, puedo decir que aquella noticia fue el golpe más fuerte en su vida como misionero. Golpe que se tornó en herida; herida que se tornó en una tristeza amarga, muda de toda palabra. Sus lágrimas corrían por su rostro marcado por los años. Aquellas lágrimas eran profundas, sinceras porque no eran sino símbolo de toda una vida apostólica. Después de treinta y nueve años como Hermano Cheo, y después de cinco años como hermano penitente, mi padre era expulsado de la Congregación de San Juan Evangelista Hermanos Cheos. (ver apéndice D)

Vestir en hábito de saco era algo muy anticuado y, según el presidente, esto estaba en contra de las reglas de la Congregación. Además, se sostenía que el hermano debía estar bien vestido ante el pueblo. Pero no se observaba que detrás de este hábito de saco, él y sus compañeros penitentes luchaban por un mundo mejor. Que reconociendo que el mundo estaba falto de penitencia y oración, se entregaban a la santa misión de luchar juntos, y que iluminados por la Santísima Virgen ellos también iluminarían a sus hermanos perdidos. Nadie se daba cuenta que él, junto a sus compañeros no eran sino Hombres-Cáliz de Redención, llevan a Cristo y a su evangelio en el gesto humilde de quien está al servicio y reconoce ser únicamente un instrumento, nada más. (Schneider 1989) "Mientras otros criticaban, allí estaban ellos con el rosario en mano; rezando por todos en el mundo, teniendo así su sola visión ante los hechos".

Roque Schneider tenía mucha razón al señalar que "El apóstol verdadero es siempre humilde, despreocupado de la promoción personal. Da lo mejor de sí mismo, se empeña en el trabajo y deja el resto en las manos del padre. Para misionar con eficiencia redentora, tal vez nos hace falta un pequeño gesto: desprendernos de cargas superfluas, de bagajes pesados".

Dios no mira los estereotipos. Él hace de sus ovejas un sembrador de su palabra, porque todo viene de Él. Y como señalaba San Agustín: "En materia religiosa no hay sabios, todos somos discípulos, y aquel que sabe más, mejor se humilla para aprender de la boca de Dios. Dios es el que hace crecer la semilla de su palabra". (1Co 3,7)

Su expulsión implicaba, además, que el carnet de identificación como Hermano Cheo, así como su crucifijo debían ser devueltos a la Congregación. Para sus comienzos y en tiempo de mucha necesidad en nuestro hogar, fue mi padre quien quiso hacer entrega de su carnet. Para entonces su petición fue rechazada. Hoy día, él está seguro de que fue Cristo quien le hizo entrega de ésta. De lo que se deduce, que no es sino Cristo el único que puede destituirle del mismo.

Crecer duele y creo que lo experimentamos a medida que pasan los años. Mi padre, luego de superar aquella tristeza, se reconfortaba diciendo: "Creo ser probado en el dolor y las pruebas son señales de que Dios me ama".

Entonces recordó las palabras del sacerdote jesuita, quien durante el retiro de silencio les hubo profesado: "Ustedes serán mal mirados por los suyos. Los echarán de sus propias parroquias". Y recordando aquellas palabras, una luz alumbraba su dolor. Él también les había señalado: "Pero no desmayen en su fe. ¡Sigan adelante! ¡Vivirán grandes cosas! La Virgen Santísima estará con ustedes".

Y efectivamente, una vez más la Virgen Santísima le infundía las fuerzas como madre, maestra y como guía en su camino. Una vez más le consolaba, le fortalecía. Él estaba muy consciente de las palabras de Alfonso Milagro: "La oración y los sufrimientos son las únicas fuerzas ante las que Dios se inclina". Lo que sí sucedía era que como hombre sensible necesitaba de Dios para caminar en su viña.

Y teniendo esos dos soportes continuaba perseverando en su fe; cumpliendo con su propósito, predicando el evangelio sin tapiz, defendiendo la Santa Madre Iglesia Católica contra viento y marea. Con ellos estaba dispuesto a sufrir las pruebas que a Dios le faltaba por enviarle. "Sólo me resta esperar con humildad el último día de mi existencia y tener mi encuentro con Jesús y con María Santísima, nuestra Madre, y entonces recibir el pago del fruto de mi existencia por toda una eternidad. Sólo me queda esperar la corona de la justica que me está reservada y que el Señor, que es juez justo, ha de darme", exclamó con optimismo. (2 Tim 4,7-8)

Fueron muchas las tempestades sufridas por mi padre durante su vida apostólica, y creo que no sólo por él, sino también por mi madre. Tempestades que le hirieron derramar muchas lágrimas causándoles cicatrices, pero que le ayudaron a profundizar en su fe hasta hacer de ésta una muy sólida en su camino. Pero, nada, "ésta es una de las paradojas de tu Iglesia, Señor. Escoges médicos heridos para tomar almas heridas, escoges consejeros heridos para aconsejar corazones heridos, escoges consoladores heridos para consolar almas atribuladas, sedientas de paz interior".

Hubo momentos en que pensó no escribir más pensando que el lector quizás no creería lo que se escribía por ser tantas pruebas. "Pero si no lo hago, serán gracias que dejo de dar a Dios y a la Virgen para que, por este medio, el mundo crea, tenga confianza y se reafirme en la fe". Pues como decía Santa Teresa refiriéndose a Jesús, un día en que bajaba las escaleras que tropezó y se cayó: "Señor, ¿por qué me empujas, es que no me quieres?". "No Teresa, ahora es cuando estoy más cerca de ti, en el dolor", le contestaba Jesús. "Cuando sufrimos y somos maltratados es cuando más Dios nos quiere y está más cerca de nosotros".

En el mes de junio del 1992 tomó una determinación en su vida. Me imagino que surgió al mirar su pasado, al valorizar el tesoro de la sabiduría que Dios puso en sus sendas y al dar con la raíz de su autorrealización. Y en aquel mirar interno, pudo encontrarse son sus aguas en un silencio de gracia.

Después de un año y cuatro meses de haber sido expulsado, sintió un encuentro con sus raíces. Eso simplemente. Una vez más Dios se hace sentir en su corazón. Desde siempre allí estuvo Dios, como amigo, como refugio. En los momentos difíciles y alegres, allí estuvo Dios. Y llevándolo a aquellas sus raíces Cheas, llegó a su espíritu cheísta, a su fuente original. Y encontrándose en su cauce, se reflejó en sus aguas, su imagen de Cheo, reintegrándose a la Congregación Chea Misionera de San Juan Evangelista. (ver apéndice E) Fue una reintegración desde adentro, pues Dios en su reencuentro, una vez más, le tendía su mano señalándole el camino a seguir. Tanto su origen como sus primeros pasos estaban sellados en aquel deseo profundo, en aquel silencio interno de sus primeros años. Sus raíces quedaron tan al descubierto, que su sed y anhelo de reintegrarse fueron como dice San Agustín: "como una flecha disparada hacia un universo seductor". Así fue expresado por él mismo en uno de los fragmentos de la carta que le enviara al hermano Herminio Barreiro el 11 de junio del 1992.

—Me siento como si me fuera hundiendo en mares profundos. Me doy cuenta de que lo que un día Dios puso en mi corazón, desde el vientre de mi madre, se va escapando en el grupo; esto es el espíritu Cheo. Desaparece como el sol en la noche y yo, como hermano penitente sin la vocación Chea soy nada. Si algún día, el grupo entra a la Congregación Misionera de San Juan Evangelista, yo estaré de lleno con ustedes, esto si vivo.–

No podría pasar por alto el año 1996 en que se realizó la primera cruzada San Juan Evangelista; misión evangelizadora a llevarse a cabo a nivel isla. Para entonces, el presidente era el hermano William Pérez. El comité timón estaba formado por el presidente; el hermano Jesús Maldonado, administrador y tesorero; y la hermana Georgina Colón, secretaria.–

Recuerdo que en los comienzos de la organización, mi padre me llamó muy entusiasmado comunicándome de la gran actividad a llevarse a cabo. ¡Su espíritu rebozaba de alegría! La planificación requirió de un sinnúmero de visitas y reuniones con todos los obispos de la Diócesis de Puerto Rico y con el cardenal Luis Aponte Martínez, quien era arzobispo de la Arquidiócesis de San Juan, en aquellos momentos. Esta actividad fue aprobada la para que se llevase a cabo el 22 de octubre del 1996, fecha inolvidable para muchos. La misma dio inicio el 25 de diciembre del mismo año y se finalizaría el 19 de noviembre del 2000, en el Santuario de Nuestra Señora Madre de la Divina Providencia, patrona de Puerto Rico y de los Hermanos Cheos.

El 13 de junio del 1996, los hermanos William Pérez, Jesús Maldonado y la hermana Georgina Colón fueron a visitar a mi padre, por considerarle uno de los hermanos de mayor tiempo en la Congregación. Era cerca del mediodía. Al llegar a la casa observaron que tenía a su lado la imagen de San Juan Evangelista. En aquellos momentos la capilla de Puerto Plata, lugar donde predicaron muchos hermanos Cheos, y donde se dio origen a las predicaciones, estaba en proceso de reconstrucción, razón por la cual la tenía con él. Además, estaba la imagen de la Virgen María, su compañera de viaje inseparable.

Estos hermanos indicaron con alegría que nuestro padre tenía el Santo Rosario en sus manos. Y es que, como señalaba San Juan Pablo II, los misterios del rosario nos ponen en comunión vital con Jesús a través del corazón de su Madre. Esto lo tenía él muy presente. La visita de estos Hermanos fue de inmensa alegría, floreciendo aún más cuando se le explicó el motivo de esta. Una vez explicado el plan pastoral, les respondió: "Estas ideas no las revela ni la carne, ni la sangre, sino el Espíritu Santo que está en el cielo". El hermano William nos hizo saber que, acto seguido, pronunció una frase que personalmente él las hizo suyas: "Tenemos que hablarle a Dios de los hombres, antes que hablarles a los hombres de Dios. Quiero decir que esto se conseguirá con oración continua, unidos los hermanos en la casa grande, o sea en la casa Chea".

Todos los hermanos estuvieron de acuerdo que se hiciera oración frente a Jesús Sacramentado, expuesto por setenta y dos horas. La adoración se llevó a cabo en la casa de formación en Peñuelas, dando inicio el 13 de agosto y finalizando el 16 de 1996. La última noche de adoración predicó el hermano Sixto Rivera. Al finalizar su predicación, uno de los hermanos pregunto qué le regalarían a Jesús en su cumpleaños, respondiendo otro de los hermanos: "Un Puerto Rico para Cristo y para María". Sería éste el lema del Plan Pastoral: "Primera Cruzada San Juan Evangelista: Un Puerto Rico para Cristo y para María". La misma cumplía con dos propósitos: ofrecer la misión a la Santísima Virgen María, y el agradecerle su protección constante sobre la Congregación San Juan Evangelista en los cien años de trabajo misionero.

Después de haber estado presente ante el Santísimo durante aquellas setenta y dos horas, me hizo saber lo maravilloso que era estar frente a Jesús sacramentado. Aquella, su emoción vivida, fue reflejada en las palabras del apóstol Juan: "La voluntad de mi Padre consiste en que todo el que vea al Hijo y crea en Él, tenga vida eterna y yo lo resucitaré en el último día". (Jn 6, 37- 40)

El hermano William recalcó: "A pesar del estado de salud del hermano Juan Abad, éste estuvo presente durante la adoración, descansando sólo por unas horas, manteniéndose en contacto con los hermanos. Se puede decir que fue el 'Decano de la Primera Cruzada' porque con su sabiduría y prudencia siempre nos dirigía y nos orientaba, ya que a menudo se le visitaba y el balconcito de su casa nos servía como lugar de reunión".

Cuando fue a presentar el plan de la cruzada en nuestro pueblo, Jayuya, estuvo presente junto al presidente William Pérez y los hermanos Jesús Maldonado, Jesús Pérez y Georgina Colón. La reunión se llevó a cabo el 21 de noviembre del 1997 en la Parroquia Nuestra Señora de la Monserrate con el Rev. Emilio Alvarado. Mi padre también hizo acto de presencia al comenzar las visitas de persuasión casa por casa, iniciada el 17 de enero del 1998, así como también predicó durante toda la semana.

Debemos enfocarnos allí en lo que vive en nuestro interior. Donde reside la paz solo podemos encontrar la quietud de un corazón que ama. Dios está allí, no está dormido, sino vivo. Encontrado esto "el hombre se sentirá desasosegado e inquieto hasta afirmarse finalmente y descansar en Dios", según San Agustín.

Unido a Cristo, por medio de la oración, aprendió a entregarse más al servicio para el cual fue llamado: misionar. De la sabiduría de San Agustín aprendió muchas cosas, y entre ellas "a elevar su propia alma sedienta a Dios para luego entregar cuánto había bebido, derramando en los demás aquello de lo cual estábamos colmados". Todos los momentos dolorosos los bendijo sosteniéndose en el Salmo 63:8: "En Dios sólo descansa mi alma. Tu diestra me sostiene". En medio de cada angustia que vivió, sabía que Dios lo levantaba y lo vivificaba contra la ira de sus enemigos, salvándole su diestra. Su dolor callado lo depositó en el corazón de la Madre lleno de confianza, por lo que siguió promulgando la palabra de Dios apoyado en sus oraciones y sacrificios; pues creía consciente y lleno de fe que esta era la voluntad de Dios. Verdaderamente, mi padre fue iglesia en su caminar.

Es mucho más lo que podríamos señalar referente a sus huellas apostólicas. Sólo hemos hecho un recuento efímero. Hoy, al mirar hacia atrás y analizar su vida, pienso: ¡Lo que cuesta seguir a Cristo! Tantas tempestades, tanto dolor, pero sólo las palabras de Jesús son mi respuesta con respecto a mi padre: "Porque edificó su casa sobre la roca. Cayó la lluvia a torrentes, sopló el viento huracanado contra la casa, pero la casa no se derrumbó, porque tenía los cimientos sobre la roca". (Mt 7, 24, 25), (Lc 6,47-49)

Virgen Pura

"Por ser Virgen pura desde antes de la creación,
ya existías.
Cuando Dios creaba el mundo sobre las aguas, ya Tú estabas.
Por ser Virgen pura, Dios te escogió por hija, por esposa y por madre.
Por obra del Espíritu Santo,
la palabra se hizo carne en tu vientre.
Por ser pura,
de Ti nació Jesús para salvar a la humanidad.
Por ser tu Virgen pura, tu Hijo Jesús,
te dio el nombre de Madre de la Iglesia en la tierra.
A través de Ti,
llegamos nosotros tus hijos, a Jesús y por medio de Jesús, a Dios Padre.
Gracias a ti Virgen María, por ser Virgen Pura,
hoy te llaman bienaventurada todas las generaciones.

¡AMÉN!

Hno. Juan Abad Figueroa Hernández

15/Abril/1991

CAPÍTULO IV
María Santísima: Madre, Maestra y compañera de viaje

"Jesús quiere servirse de ti
para hacerme conocer y amar".
Nuestra Señora de Fátima
13 de junio de 1917

Uno de los deseos más ardientes en el corazón de San Luis María Grignión de Montfort fue el que María Santísima tuviese más hijos, servidores y esclavos de amor, y que por este medio Jesucristo reinará más en los corazones. Hoy día, el alma de este santo debe rebosar de felicidad y gozo, pues su deseo floreció y la semilla de éste, su deseo, continúa germinado en nuestro pueblo hispano. A través de la historia se puede observar cómo el pueblo puertorriqueño la conoció, la recibió y la amó invocándola y venerándola por medio de aquellos "los pioneros", quienes se dieron a la misión de difundir la fe católica y el amor por Ella, por medio del Espíritu Santo.

Hoy en la historia me detendré en las raíces de mis padres. Y digo mis padres porque, aunque profundizaré más en la fe mariana de mi padre; no podría pasar por alto a mi madre. En ella, el cimiento de aquella fe mariana reinaba en el silencio interno de su corazón, mucho antes que en el de mi padre.

Durante todos estos años de su vida apostólica, sólo hay un momento que jamás podría señalar o acertar en cómo surgió, por éste estar sumergido en una fe infinita que sólo Dios sabe. Por encontrarse sumergido en esa fe infinita sentida en el sagrario que vive en cada hombre; allí donde se vive y se siente ese encuentro único. Y ese momento al que me refiero, no es sino aquel primer instante en que mi padre pudo sentir en su corazón la inagotable protección de María Santísima; aquél, su amor maternal hasta nacer en él una gran fe mariana. Y decir fe mariana es como decir toda María, con su fe viva, su profunda humildad y su pureza. Es profundizar en su espíritu para entonces comprender lo que implica perdernos en Ella y encontrar a Jesús. Creo que no es tarea fácil lograr esto.

Solo sé que su devoción comenzó a ser inmensa, desde aquella primera vez en que la tomó en sus brazos para salir en procesión, haciendo sus novenas casa por casa. No se apartó de Ella jamás. Su devoción fue una de profunda perseverancia. Allí, con María Santísima, comenzó a crecer en su interior la semilla de la esperanza refugiada en la oración. Lo que quizás no sospecharía fue que desde que la tomó en brazos por primera vez, comenzó un caminar con "aquélla que es modelo de perfección", pues considero que María fue parte íntegra en la conversión de su vida. Con la oración y el rezo del Santo Rosario, se mantenía en su compañía desarrollando una amistad filial con Ella. Y en aquella amistad, Ella le extendía sus brazos para acercarlo más a su Hijo: "fuente de eterna redención".

Rezando con gran devoción a la inmaculada y creyendo fielmente en su poderosísima intercesión, iba también creciendo un deseo interno de venerarla y de dar a conocer al mundo la obra de Dios en Ella. Era su deseo que el mundo reconociera el poder de su auxilio y su infinita e inagotable protección, por lo que decía: "Con humildad digo esto: Mientras pueda iré con la Santísima Virgen, llevando su imagen en mis manos, haciendo camino con Ella para que otros la sigan hasta encontrar a Cristo para toda una eternidad".

Al profesar su devoción especial a la Virgen, dejaba ver su compromiso cristiano y auténtico que estaba marcado en su vida con aquellas dos armas poderosas: el rezo del Santo Rosario y el uso de los escapularios, "prácticas y ejercicios de piedad mariana" y "signo de protección maternal de María".

Cuando ni aún pensaba en pertenecer a la Congregación Misionera de San Juan Evangelista, se le impusieron los escapularios por un sacerdote Carmelita. Y desde aquel momento hizo de él una prenda que lo vistió habitualmente y por siempre; siendo así devoto de por vida; apóstol mariano con una lealtad inquebrantable. Quizás fue éste el cimiento de que su espiritualidad estuviese marcada con aquel espíritu de oración y contemplación.

Estoy segura de que desconocía que con ellos "lograría que le sirviera de medio en su perfeccionamiento en la fe de Cristo y que alcanzaría con más facilidad la saludable ayuda de la Virgen Santísima", Madre espiritual y medianera de todas las gracias. Ella lo "conducirá a una más plena participación de los frutos del Misterio Pascual".

Y Jesús, conociendo lo que estaba sembrado en su corazón con respecto a su Madre, permitió que Ella fuese la fuente de la esperanza viva que iluminaría su caminar. Su vida se había convertido de una vida fría, de oscuridad, de amargura, en una de fuente de vida en el espíritu. Y es que como señalaba San Luis María Grignión de Monfort: "Cuando el Espíritu Santo encuentra a María en un alma, se siente atraído irresistiblemente hacia Ella y en Ella hace su morada". "Y a quien Dios quiere hacer muy santo, lo hace muy devoto de la Virgen María". María, por su parte, también lo amaba, no sólo porque era su hijo, sino porque también conocía del inmenso amor que resplandecía en su corazón por su hijo, ¡Jesús! ¡Cuán unidos Jesús y María! Ciertamente, "el que es muy devoto de María, será ciertamente muy amante de Jesús", San Marcelino Champagnat.

Cada vez que iba a emprender viaje llevaba a su lado a su copiloto, como él mismo señalaba. María, su amiga inseparable; María, su madre, maestra y compañera de viaje. Ella fue desde entonces su consuelo en las horas de tristeza y su fortaleza en las horas de flaqueza.

Siendo su costumbre rezar el rosario siempre que emprendía viaje, estando en oración su silencio le fortalecía. La oración era aliada de aquel silencio fecundo en su alma, convirtiéndose Ella en su exaltación espiritual. Allí callada, intercedía ante los obstáculos que él podría enfrentarse en el camino, mediante una especial intervención maternal. Y lo cierto es que fue así como fue ahondando en su corazón, sembrando la esperanza de un nuevo día para que pudiese llevarla a los corazones descarriados. María fue un libro que se convirtió en una extensión del Evangelio, pues en Ella iba leyendo y meditando todo lo que encerraba en su silencio, lo que reflejaban sus obras, su obediencia, aquellas sus palabras: "Soy la esclava del señor…". De Ella aprendió a decir a su Hijo: "He aquí tu siervo Señor, haz de mí lo que quieras". María fue la fuente de la que brotaba la sabiduría eterna; sabiduría de Dios sembrada en el corazón de una Virgen pura, sin mancha; amor de Dios centrado en su alma. Él se regocijaba en su amor por Ella, invadiéndose de su paz. María fue para él, el modelo perfecto de lo que significa ser cristiano.

El Papa Pablo VI decía enfáticamente: "María permanece siempre como el camino que nos conduce a Cristo. Cada encuentro con María sólo puede llevarnos a un encuentro con Cristo". Y creo que así lo vivió él. María le estaba encaminando poco a poco a puerto seguro, a Jesús. Ella fue parte íntegra en su conversión. En Ella descubrió el mensaje de la "Buena Nueva". Llegó a Jesús, aceptándole como su maestro divino, su Dios. Desde entonces nació un hombre transformado que decidió quedarse en los brazos de María, entregándose a Jesús, "fuente de luz y de salvación". María era su ancla y Jesús era su roca. Se sentía liberado. ¿De qué? De lo mundano, del miedo, de la esclavitud de su vicio, de su nada. Con ambos respiraba un océano de libertad. María le había transmitido la luz del Espíritu Santo que siempre moró en Ella.

Mirando aquella dulce imagen, de una mirada infinita y misericordiosa, había aprendido a abandonarse en el silencio de Jesús, depositando así toda la confianza en ambos. Mientras más se acercaba a María Santísima, más sentía la presencia de su Hijo, aumentando así sus fuerzas espirituales, ofreciendo su trabajo como ofrenda filial a ambos. Con Ella perseveró más en la fe, profundizando en el amor y compromiso para con su Hijo por medio de su apostolado. Pues no fue sino de Ella que aprendió a obedecer aquel su mandato: "hagan todo lo que Él les mande", (Jn 2,5) y de éstas sus palabras a ser servidor fiel y obediente.

Y en todo este proceso de acercamiento a ellos, el Espíritu Santo le iba renovando en la oración, pues como decía el Papa san Juan Pablo II: "no es sino el Espíritu quien inspira ésta y ayuda a perseverar en Ella. "En Ella se siente un fruto de la oración interior del Espíritu Santo".

No podría pasar por alto señalar que también mi madre contribuyó al enriquecimiento espiritual mariano de mi padre. Al igual que él, ella poseía un algo especial, muy espiritual; que sólo puede definirse con el silencio. En su corazón también estaba impregnado el amor infinito de María Santísima.

María estuvo siempre presente para interceder ante su Hijo y surgiera el milagro en los momentos más amargos y de desesperación. Al inicio de su vida como misionero, ella fue el puente para recibir las gracias especiales en momentos difíciles y de mayor necesidad vividos por ambos. Y en estos momentos cito sus propias palabras: "Perdone usted, señor lector, pero aquí me prolongo un poco más, ya que a Dios y a la Virgen hay que darlos a conocer por su poder y por sus gracias. Porque si no escribo tantas contiendas y tropiezos, en los años que llevo como misionero, puede que pierda la gracia concebida de Dios, y si las escribo puede que sea de beneficio para otros".

Una noche en que se encontraba lejos de nuestro hogar, creo que se desarrolló un triángulo de afinidades espirituales entre ellos y la Santísima Virgen.

Jamás podría expresar con palabras la comunicación que mi madre sostuvo con Ella, ante aquella desesperación que vivía con mis hermanos mayores, aún muy pequeños. Sólo podría señalar que sus oraciones y ruegos fueron escuchados, siendo una vez María "auxilio de los cristianos" y "consoladora de los afligidos". Y que sólo la fuerza del poder del Espíritu Santo que moraba en Ella pudo lograr el encuentro de nuestros padres estando ambos en oración, y suplir las necesidades vividas por ambos.

Esto sucedió para el año 1956. Él se encontraba en Yauco. Antes de partir, le había dejado a mi madre todo el capital que tenía en aquellos momentos para los gastos de la casa: un dólar. Se fue para predicar en cuatro hogares diferentes. Aquel miércoles a las siete de la noche, al finalizar los cánticos y haber comenzado las tres Ave Marías, sintió cómo una fuerza mayor se apoderaba de él; haciéndole sentir que debía marcharse a su hogar. Predicó, pero la desesperación fue aún más fuerte, por lo cual esa noche no pudo dormir. Al día siguiente tomó su maleta y le señaló al dueño de la casa donde se hospedaba: "Hermano, a todo el que pregunte por mí, dígale que tuve que irme".

Contaba con apenas diez centavos que debería de usar para pagar el pasaje del barrio Robles donde se encontraba al pueblo de Yauco. Se mantuvo en silencio y siguió adelante. Cuando fue a pagar, el chofer le dijo: "No es nada". Ya en la parada de guaguas, se disponía a ir a donde el párroco del pueblo, cuando un carro público que se dirigía a Ponce se detuvo ante él y le dijo: "Ponce". "Voy para Ponce, pero no tengo el pasaje", le contestó. "Yo no le estoy preguntando si tiene o no dinero. Venga que me voy", respondió el chofer. Él era el único pasajero; el chofer iba despacio.

Él solo deseaba llagar a nuestro hogar. No obstante, al pasar por la casa de Formación en Peñuelas, le señaló: "Señor, déjeme aquí. Yo tengo la credencial de misionero, se lo dejo juntamente con la dirección donde puede entregarla y allí le darán el pasaje; usted me deja mi credencial y yo la procuro mañana". Pero ¿usted no iba para Ponce?, interrogó el chofer. "Sí, pero me ha dado la idea de ir a Peñuelas". "Pues no hay problema. Le llevo y me voy para las parcelas Tallaboa; que es el mismo camino", le contestó. Cuando llegamos, le dije: "Espere un momento que voy a buscar el dinero para pagarle". Señaló: "No es nada. Me voy". No esperó ni las gracias. "Yo no sabía quién era aquel señor, pero Dios sí sabía quién podría ser", señaló mi padre.

Sólo Dios conocía sus planes. Aquella desesperación por llegar a su casa había desaparecido cuando vio a otros hermanos Cheos y, entre ellos, a su hermano Vicente. En esos momentos le estaban nombrando porque sería él quien predicaría una misión por tres días en dicho lugar. "Yo, muy tranquilo, los acompañé y dimos la misión", comentaba.

A las cinco de la madrugada del día siguiente se habían levantado para ir a la misa. Él había despertado con la misma preocupación: "Vete, vete". Entonces hubo un gozo de felicidad en su interior porque hubo quien le obsequiara el pasaje para llegar hasta Jayuya: un dólar con veinticinco centavos; veinticinco centavos para llegar a Ponce y un dólar para llegar a Jayuya. Una vez salieron de la misa, el hermano Ramón Velázquez y Vicente -su hermano- le preguntaron si tenía dinero para viajar, a lo que les indicó que sí, regalándole veinticinco dólares para que le llevara alimentos a la familia. Una vez se disponía a emprender viaje a su pueblo, se despidió de ellos y fue a la iglesia para dar gracias a Cristo en el Sagrario. Al salir estaba Monseñor Nazario en el balcón de la casa. Éste lo llamó invitándole a entrar. Le preguntó dónde había estado. ¿Le ayudaron con algo? "No, padre", le contestó: "¿Tiene dinero?" "Sí, los hermanos me dieron veinticinco dólares y Piador un dólar con veinticinco centavos donde fue la misión anoche". "¿Y usted, se iba sin venir donde mí?" "Así es, padre". "Hermano que sea la última vez que usted viene a mi parroquia y se va sin verse conmigo". "Entregándome un cheque de quince dólares para que llevase algo a la familia. De tener diez centavos en el bolsillo el miércoles, el jueves tenía cuarenta y un dólar con veinticinco centavos".

Cuando pasaba frente a los hermanos para despedirse, el hermano Ramón Velázquez le dijo: "Hermano, encontré en la calle esos pedazos de billetes, lléveselos y los confronta en Ponce. Si tienen algo, dele la mitad al hermano Carlos y usted coja la otra mitad". Al llegar a Ponce, confrontó los billetes y, para su sorpresa, estaban premiados con diez dólares, los cuales compartió con el hermano Carlos, como se le había pedido.

Al llegar a Jayuya eran las cuatro de la tarde. Uno de sus hermanos mayores, Monserrate, tenía una tienda de pulpería, donde fue e hizo una compra. Tenía que cargarla en sus hombros ya que no había carretera, y mucho menos carro para el barrio donde vivía. Después de haber caminado como dos kilómetros, replicó: ¡Dios mío amado! Cuando llegó a su hogar que vio a sus hijos parados en la acera de la casa, escuchó decirles: "Ahí viene papi y trae pan". "Yo quería correr hacia ellos, pero iba cargado y cansado. ¡Por fin llegaba a mi familia! Deposité la compra en la acera y los nenes, abrazándome, me pedían la bendición. Ya estando en la casa, observé que mi esposa lloraba, al igual que yo en estos momentos en que escribo (domingo a las cuatro de la mañana), al vivir aquellos momentos del pasado". Fue entonces cuando ella le dijo: "El miércoles a las siete de la noche, cuando comencé a rezar el rosario, los nenes me dijeron que tenían hambre. Al no tener que darles, le pedí a la Virgen que donde estuvieras te trajera". Él recordó que ese mismo miércoles, a la misma hora en que rezaban las tres a Ave Marías, había sentido aquella sensación desesperante de regresar a la casa. Y guardando silencio, miró a sus hijos recordando las palabras de Jesús: "Todo lo que pidan con una oración llena de fe, lo conseguirán". (Mt 21, 22) Ambos se habían perdido en un espíritu de oración y devoción.

—Cuando meditaba todo lo sucedido, fue hermoso ver cómo la Virgen fue permitiendo aquellos encuentros poco a poco, y no dejarme llegar sin los alimentos para mi familia; supliendo así nuestra necesidad. Gracias a Dios y a mi Madre Santísima que siempre está a nuestro lado y sigue intercediendo como en las bodas de Caná. En estos instantes recuerdo la siguiente canción.

Y por qué y por qué
no sabía que tú me amabas
Y porqué y porqué
fui viviendo tanto tiempo lejos de ti
Solo ahora he comprendido que esta vida
puede ser una aventura maravillosa
He comprendido lo que es amar
Yo tengo una madre,
Madre querida que mis penas calmas cuando me mira
Se llama mi madre Virgen María
de la Providencia Virgen dulcísima.

Bajo tu amparo nos acogemos, ¡Oh, Santa Madre de Dios!–

Una vez más se convenció que María estaba allí, entre todos, intercediendo por nosotros. Mi madre había acudido a su inmaculado corazón, rico en infinita misericordia. Ella sufrió más que nadie porque tenía que consolar a los que sufrían, por lo que es el modelo perfecto para comprender "el valor del sufrimiento, y ofrecerlo al

Padre en unión con el sufrimiento de Cristo". Y conociendo el sufrimiento, estamos seguros que Ella intercedía ante Jesús, para que así nuestro Dios obrara el milagro. María, no fue sino, como señalaba San Agustín: "la Madre de la unidad".

—Si traicionara mi fe, que es la Iglesia, siendo María madre de la Iglesia, sería yo un Caín, un miserable; indigno de ser llamado hijo de Dios. Estoy seguro que aunque pecador, si no supiera amar mucho a María, sería ayudado por Ella. De esto estoy bien seguro.

En este testimonio podemos ver dos de las quince promesas de nuestra Madre a quienes recen el rosario: "El que me sirva, rezando diariamente mi rosario, recibirá cualquier gracia que me pida". "Todo lo que se pidiere por medio del rosario se alcanzará prontamente".–

Por eso, él siempre señalaba: "Bienaventurada María que fue la primera en escuchar la palabra de Dios y la puso en práctica". Aquellas sus palabras: "Hágase en mí según tu palabra" (Lc 1, 38), también habían profundizado en él. De esta Santa Madre y maestra había aprendido a decir: "Que se haga como tú dices".

Reflexionado en su respuesta, él también le había contestado "sí a Dios". Porque sólo él sabía cómo Ella podía encaminarlo para responderle al llamado de Dios. Se dejó llevar de su mano para propagar la palabra de su Hijo, y así estuviese viva en él la "fuente de consagración mayor, Jesucristo". Sin Ella, sus tallos no poseerían las raíces necesarias para seguir proclamando la palabra de su Hijo.

Analizando su pasado, María se hace ver, se hace sentir y nace la esperanza. Aún en aquella oscuridad en la que vivía cuando joven, no estaba solo. Simplemente estaba ciego. Su ceguera no le permitía sentir la presencia de María a través de sus oraciones. Ella le protegía, le iluminaba y le auxiliaba. Desde que estaba en el seno de su madre, ya le protegía; su mirada misericordiosa ya velaba sobre él. Y en aquel abismo en el cual se encontraba perdido, comenzaba a ser salvado por Dios a través de la intercesión maternal de María.

En su juventud idolatraba al mundo. Su vida era como un río que corría desenfrenado. Vivía en un naufragio desbordante y dentro de aquel desenfreno lo condujo por un cauce no perdido, sino encontrado. María lo salvó de las aguas turbulentas llevándolo a aguas cristalinas y transparentes; lo había tornado a ríos de agua viva. En aquel naufragio, ella le tendió su brazo como el ancla segura. Pasada la tempestad ahora, el sol dejaba ver sus rayos: los rayos de la divina misericordia le abrazaban.

¡Bienaventurado quien viva a la sombra de ellos, como sostuvo el mismo Jesús a Sor Faustina en la divina misericordia!

María le hizo ver que Ella era la siempre misericordiosa, y él cobijándose bajo su manto se abrazó por siempre a la cruz de su hijo Jesús. Siempre arrodillado y en actitud de reverencia, se inclinaba en cada altar para rendir devoción, adoración y veneración a Aquél que soltó sus ataduras y lo hizo anclar en los brazos de María Santísima. Y siendo estas sus riquezas internas, no podría pasar por alto el compartir unos versos referentes a María, que nacieron ante su dolor en un momento dado de su vida.

Una cruz y una azucena
son toda la dicha mía,
en la cruz veo a Jesús
y en la azucena a María.

Cuando me aflige la pena,
sólo encuentro mi consuelo
abrazándome a la cruz
y besando a la azucena.

Toda la vida del hombre,
caminando por la vida
va al encuentro de Jesús
y la azucena María.

Cuando recibes a Cristo
en la Santa Eucaristía,
también comes de la carne
de la azucena María.

Corramos todos a prisa
a comer la Eucaristía,
de esa carne tan sabrosa
de la azucena María.

Si perdieras tú la gracia,
búscala en la penitencia.
Invoca con todo honor
a la divina azucena.

Si es que tú quieres tener
una tranquila conciencia,
debes siempre de pedirle
a Jesús y a la azucena.

Ese Cristo que tú adoras
y en quien tú tanto confías,
nueve meses tuvo dentro
de la azucena María.

Dios Padre quiso crear
en el mundo una azucena
para ser madre de Cristo
también madre de la iglesia.

Azucena de mi vida,
azucena de mi encanto,
por ser tú Madre de Cristo
por eso te quiero tanto.

Azucena que afligida
en la cruz viste morir,
el autor de nuestras vidas
contigo quiero morir.

Señalaba el padre Ignacio Larrañaga, que en gloria este: "Quien encuentra a María no puede evitar encontrar a Cristo".

Ella fue el camino por el cual mi padre anduvo para continuar llevando a su hijo Jesús a todos los feligreses, pues María "es la Madre que sigue dando a luz a Jesucristo en nosotros". Y muy consciente sabía que caminar con María implicaba ser "modelo perfecto de todo discípulo de Cristo". Mi padre murió al hombre viejo para nacer al hombre nuevo, desde aquella primera vez que decidió quedarse apoyado bajo su protección y entregarse a Jesús como su siervo y esclavo. El Espíritu Santo le motivaba constantemente en aquella relación filial con la Madre de Dios, abandonándose, a su vez, al Espíritu Santo.

Desde la primera predicación como Hermano Cheo, en aquel caminar de continua evangelización, María ocupó el lugar de madre auxiliadora, por el nacimiento de la única y verdadera Iglesia: la Iglesia fundada por su hijo Jesús. María fue base y fue roca en aquella peregrinación evangelizadora, guiada por el Espíritu Santo que se manifestaba en él. Ella siempre fue intercediendo ante su hijo Jesús, contra los obstáculos presentados en su vida, con el fin de que se propagara el mensaje por el bien de toda su Iglesia. Definitivamente, "darse a María es la forma más segura de permanecer unido al Señor y a su iglesia".

Y desde siempre continuó con María cada día, repitiendo aquéllas sus palabras sembradas en su corazón "Mi espíritu se alegra en Dios mi Salvador". (Lc 1, 47) Y con Ella continuaba conociendo más a Dios, buscándole sin cesar, "pues quien encuentra a Dios no deja de buscarle, pues Dios es eternamente buscado".

Sólo me resta señalar que verdaderamente hay en María un río de ternura y humildad que se funde en un mar de esperanza, de consuelo y de misericordia infinita.

¡Perderse en María es perderse en Jesucristo!

Fue muy conocida su devoción por la Virgen, tan fuerte como la misma realidad trinitaria y cristológica que vivía en él. Comprendí la profundidad de esta devoción, cuando en una ocasión leí una observación que hiciera, para entonces, nuestro santo padre, el Papa Juan Pablo II referente a la devoción de María: "La verdadera devoción a la Santísima Virgen se reafirma con mayor fuerza en aquél que avanza en el misterio de Cristo, Verbo encarnado; y en el misterio trinitario de la salvación que se centra en él. Incluso, se puede decir que a quien se esfuerza en conocerle y amarle, el propio Cristo le señala a su Madre, como hizo en el calvario con su discípulo Juan".

Efectivamente, estas palabras fueron reflejo de que mi padre se había abandonado sin reservas a Cristo y a la obra de la redención; pues toda aquella sabiduría que predicaba era producto de su conocimiento de Cristo, que vivía en su interior y que era iluminada por el espíritu de Dios impregnado en su corazón. Y en toda esta obra de conversión estaba María, compañera de viaje en su caminar.

Y tan fuerte era su devoción que después de su muerte, encontré dentro de sus escritos una consagración muy personal que hiciera a María Santísima. De aquí que su escapulario era signo de su consagración. Decía así:

Consagración a María

Oh María me consagro a ti,
Hija del Padre, Esposa del Espíritu Santo,
Madre del Corazón Eucarístico de Jesús.
Llevaré tus escapularios siempre,
como signo de mi consagración a ti,
y ofreceré la meditación diaria del Santo Rosario
y el cumplimiento de mis deberes cotidianos
en reparación por los pecados, especialmente
aquellos cometidos contra tu inmaculado corazón
y contra el corazón eucarístico de Jesús.
Deseo estar cada día más unido a su corazón
en la intimidad de tu inmaculado corazón
cada momento de mi vida, hasta el final.
Amén

Él creía fielmente en aquellas, las palabras de nuestra Madre: "Toma este hábito, el que muera con él no padecerá el fuego eterno", cuando se lo entregó al General de la Orden del Carmen, San Simón Stock, según la tradición, el 16 de julio de 1251.

Muchas veces "los hechos son más elocuentes que los dichos", por lo que deseo cerrar este capítulo con un testimonio que viviera mi padre referente a María Santísima, y que escribió con el objetivo de propagar su intercesión maternal. Y en éste su objetivo, me ofusqué en las palabras de San Juan Bosco referentes a María Santísima: "Amad, honrar, servir a María. Procurad hacerla conocer, amar y honrar por los demás. No sólo no perecerá un hijo que haya honrado a esta Madre, sino que podrá aspirar también a una gran corona en el cielo".

Sucedió un domingo, Día de la Santísima Trinidad.

—Para amar a María, hay que conocer; si no se conoce, no se puede amar. Si conocemos a María la amaremos toda la vida junto a Jesús, y luego en el cielo.

La Santa Madre Iglesia siempre nos ha enseñado en su doctrina que María es la criatura más perfecta de todas las criaturas. Madre de Dios Hijo y Madre nuestra. La Biblia nos enseña que "María es Virgen y Madre y que debemos honrarla". (Mt 1,18-25) "José, hijo de David, no temas por tomar contigo a María, tu esposa, porque lo concebido en Ella es obra del Espíritu Santo; darás a luz un hijo y le pondrás por nombre Emanuel que significa: Dios con nosotros. Jacob engendró a José, el esposo de María, de quien nació Jesús, llamado el 'Cristo'". (Mt 1, 16)

De esa Virgen María es de la que quiero hacer llegar lo acontecido el domingo, Día de la Santísima Trinidad. Terminada la misa de las seis y media de la mañana, había estacionado el carro frente al convento o casa de las hermanas (las monjitas). Cerré el auto con seguro sin darme cuenta que había dejado las llaves adentro. Al salir de la iglesia, me di cuenta que las llaves no estaban en el bolsillo de mi pantalón. Con mi Jesús en el pecho, en el porta viático, miré y vi que las llaves estaban dentro del carro. Traté de abrir las puertas, pero todas estaban con seguro. Dije estas palabras: "Madre, no puedo estar parado en la calle con tu Hijo. Si me voy a casa a pie, no puedo llegar por la condición de mis discos". Pensé que mi hijo Juan podía estar en la plaza, pero encontré a su esposa, quien me dijo que estaba buscando el carro. ¿"Qué pasó"?, preguntó ella. Cuando le expliqué, escuché una voz angelical que me dijo: "Regresa al carro, la puerta está abierta". Cuando llegué, la puerta no tenía seguro. Sólo dije: "Gracias Madre. Ábreme un día la puerta del cielo". Y me dirigí a llevar la Eucaristía a los enfermos.

Estuve reflexionando cuatro días lo sucedido y quise hablar con mi director espiritual. No estando padre Pedro, hablé con padre José. Le expliqué todo y él, y mirando al piso me contestó: "Juan, según tú me explicas no hay duda de que la Virgen quitó el seguro de la puerta del auto. Sé que la amas. Por eso te dijo: 'Regresa, la puerta está abierta'. Muchas cosas vas a ver de Ella. Vete y cuenta a los tuyos". A los pocos días hablé con padre Pedro, y me dijo lo mismo.

Por eso les digo, amemos más a "María", la Madre de Jesús. Si la queremos y la amamos, no le restaremos nada a Jesús, al contrario, nos llenaremos más del Espíritu Santo.

Que Dios y la Santísima Virgen nos bendiga a todos. Les amo a todos.

Hno. Juan A. Figueroa Hernández
Hermano Cheo
27 de junio del 2002

CAPÍTULO V
"La hermana muerte"

"Aquellos que nos han dejado
no están ausentes, sino invisibles.
Tienen sus ojos llenos de gloria
fijos en los nuestros llenos de lágrimas."
San Agustín.

En diciembre de 2003 viajé a Puerto Rico. Consciente de que nuestro padre estaba mal de salud, llegué encaminándome de inmediato al hospital. Siempre estuve muy agradecida de que Dios me eligiera para vivir los detalles más importantes en los últimos días de su vida; aunque jamás podría describir con palabras la profundidad que viví, respiré y sentí el día que le enterraron. Creo que toda aquella experiencia vivida fue transmitida a mi alma cuando observaba aquel cuerpo yerto que tenía delante de mis ojos. Su rostro reflejaba una paz increíble.

Para la Navidad, como familia muy unida que éramos y que somos, siempre fue costumbre el reunirnos cinco minutos antes de que se despidiera el año alrededor de nuestro padre. El solía hacer una oración y dábamos gracias a Dios por habernos concedido el que estuviéramos vivos, unidos y compartiendo un año más. Ya marcando el reloj las doce, nos abrazábamos y llorábamos de alegría. Era inevitable... "no sé".

Ese año de 2003 él estaba enfermo, pero Dios nos regaló el que pudiese compartir con nosotros la que sería la última Navidad en familia. Él se encontraba hospitalizado, pero siendo la voluntad de Dios, el 24 de diciembre, día de Nochebuena, le dieron de alta. Observé que durante el viaje de Ponce a Jayuya, él se mantenía en silencio... muy callado. Tratábamos de que conversara, ¡pero no! Así llegó a la casa donde fue derechito a su cuarto. Nosotros le acompañábamos, incluso le pusimos música mexicana, ya que era su preferida, como queriéndolo animar. Pero sus días estaban contados. El permanecía sentado por unos minutos, pero se cansaba rapidito; optando por acostarse. Pasada la Navidad, en la madrugada del 26 de diciembre amaneció echando gritos de dolor, por lo que tuvimos que llevarlo de vuelta al hospital. Aquí los doctores decidieron que debía ser enviado a Ponce nuevamente. Debido a que mis hermanas tenían sus responsabilidades, me ofrecí acompañarlo en la ambulancia; ellos irían más tarde. Por el camino, no sé si yo le estaba cuidando a él o si él me cuidaba mí. Vi su preocupación hacia mi estado físico, ya que por la falta de ventilación en la ambulancia, me había provocado vómitos y grandes mareos. Dentro de mi estado, le hice ver que estaba bien y así llegamos al hospital San Lucas, donde inmediatamente le hicieron análisis para llevarlo a intensivo.

Recuerdo que hubo una enfermera que se portó un tanto grosera. Mi padre no estaba en condiciones físicas para estar en discusiones. Él claramente había señalado que podían hacerle todos los exámenes, excepto ser entubado. Muy claro fue señalado por él, y aquella enfermera insistía en que firmara los papeles para que en caso de tomar esta decisión, ellos, como profesionales, lo pudieran entubar. Después de una larga discusión con ella, señalándole que él no quería ser entubado, mi padre replicó varias veces: "¡Entubarme no!" Hasta que al fin y al cabo le ingresaron en intensivo. Él no quería quedarse; deseaba ir a su casa nuevamente. Recuerdo que le decía que era por su bien y porque había riesgo de tener agua en los pulmones. Finalmente, el enfermero de turno le habló hasta que accedió a quedarse. Yo esperé a que mis hermanos llegaran más tarde. Recuerdo que ese día, creo que era miércoles, después de haber viajado a Jayuya, quise regresar al hospital para estar con él nuevamente. Mi hermano mayor, Juan, me dijo: "Yo te acompaño". Una vez allí con él, le pregunté si deseaba un chocolate o un café, a lo cual prefirió tomarse un café. Mi hermano dijo: "Yo se lo busco". En eso nos quedamos a solas. Yo estaba muy cerca de su cama; muy cerca de él. Pude observar que su mirada estaba como perdida. No podría pasar por alto la observación que me hiciera mi hermana Milly, referente a este detalle de su mirada, por la sabiduría encerrada en su observación: "Perdida no, encontrada porque deja de ver las cosas del mundo para ver las eternas". ¡Y cuánta razón tenía!

Mientras me acariciaba con su mano suavemente por mi espalda, me decía: "Lourdes, yo amo a todos mis hijos, pero Juan es especial para mí". "Sí, papi yo entiendo. Él también es muy especial para todos nosotros", le señalé. "Cuando regreses a Massachusetts, dámele recuerdos a toda aquella familia que tengo por allá: al diácono Valentín, a su esposa, a Argelia; y mi hijo, padre Paco, que nunca lo olvido". "Sí, papi, así lo haré", le respondí. A este punto mis lágrimas eran inevitables, y aunque nuestra proximidad era bien cercana, él no se dio cuenta. Nuestra conversación fue interrumpida con la llegada de mi hermano con el café. Él lo tomó, pero muy poco. Conversamos por sólo unos minutos más, nos despedimos y quedamos en encontrarnos al día siguiente.

Un incidente que no podría omitir en estos escritos, relatado por él mismo a nuestra hermana Milagros (Milly), fue que en uno de esos días en que había estado en intensivo había órdenes de que no podía tomar agua en lo absoluto. Él tenía mucha sed. Mi padre, en ese instante suplicó a Jesús: "¡Tengo sed! ¡Ay, Jesús, dame de esa agua de tu costado, de esa agua viva! Calma mi sed". Y a los cinco minutos, señaló que apareció un enfermero con un vasito de agua y le dio a tomar. Él nunca supo quién fue aquel enfermero. Nosotros nos maravillamos ante el hecho, y hasta el día de hoy me pregunto si aquel enfermero sería su ángel de la guarda. Tenemos entendido que ese día no había enfermeros de guardia sino enfermeras.

La noche antes del día de su muerte, estábamos allí mi hermano Juan, mi hermana Iris y mi mamá. Tuvimos que turnarnos para entrar a verle, ya que solo podían entrar dos personas. Ya cerca de las ocho de la noche mi hermano mayor, Juan, se acercó y me dijo: "Lourdes, papi quiere ver a un sacerdote, ¡pero imagínate! ya será para mañana porque a esta hora". A lo que le respondí: "Déjame entrar otra vez y yo le digo". Al dirigirme a su cuarto, escuché un hombre que mencionaba su nombre a una enfermera. "El señor Juan Abad Figueroa", dijo él. Pensé que era el doctor; me le acerqué y le pregunté: "¿Qué pasa con mi papá?" A lo que él me respondió: "Yo soy el sacerdote que vengo a verlo". Mi corazón se llenó de felicidad y en lugar de llevarle donde se encontraba mi padre, corrí a su cama y le dije: "Papi, papi, le tengo una sorpresa, llegó el sacerdote". Sin pronunciar palabra, levantó sus brazos hacia arriba, como en señal de alabanza, y entonces dijo: "¡Ay, lo que tanto estaba esperando, gracias!". Y al levantar mi mirada, ya el sacerdote estaba a sus pies, padre Francisco García (recién fallecido y que Dios lo tenga en su gloria). En eso di la espalda, volteé la mirada a mi padre y él con su mano derecha me echó la bendición, formando con ella una cruz. Y abrazado al sacerdote, lo dejé. Esta fue la última estampa ante mis ojos de mi padre en vida.

Otro dato que no debo pasar por alto relacionado a este incidente del sacerdote, ya que tocó mi alma por segunda vez, fue que diecisiete años después de su muerte, martes, 7 de julio del 2020, repasaba mis notas personales y encontré una nota fechada del 16 de diciembre del 1995. Fue un sábado a eso de las 9:20 de la noche. Lo había llamado y en nuestra conversación había enfatizado lo siguiente:

—Yo siempre pienso que voy a morir pronto, aunque dure mucho más. Yo tengo tres lugares: Félix por el silencio, Milagros, pero siempre pienso que voy a morir en los brazos de Lourdes por el sacerdote. Yo sé dónde estoy parado, por tu vida espiritual.–

Efectivamente, fue así. Félix (Juan), su hijo mayor (que Dios le tenga en su gloria porque tuvo una muerte santa) estuvo muy cerca de él esa noche antes de morir, al igual que quien escribe. Mi hermana, Milagros, aunque no estuvo esa noche con nosotros, nos relató que ese día en que había muerto, muy temprano en la mañana, precisamente en la hora en que murió (siete de la mañana), se encaminaba a Ponce. Viajaba desde Arecibo. Ella aún desconocía de su muerte. Encontrándose entre Utuado y Adjuntas rezaba el santo rosario. En cada decena le dio por cantar aquellas canciones dirigidas a María Santísima que nuestro padre siempre entonaba durante sus visitas domiciliarias a la Virgen. Entre ellas aquella que decía:

"Oh María, Madre Mia
oh consuelo del mortal
Amparadme y guiadme
A la patria celestial".

Y mientras rezaba y cantaba, no sabía por qué estaba bañada en lágrimas. Al llegar al hospital se encontró con la noticia de su muerte y pidió al enfermero estar junto a él. Le fue concedido su deseo, luego de que le prometiera que estaría tranquila, aunque no pudiera evitar sus lágrimas. Ya, estando junto a él, hundida en su dolor, dialogó por largo rato de sus intimidades hasta que llegaron otros miembros de la familia.

¿Por qué hago esta observación? Porque, evidentemente, fue así como lo enfatizó él, aquel sábado del 16 de diciembre del 1995. Los tres estuvimos vinculados en el proceso de su muerte; y como señalado muriendo en los brazos del sacerdote.

Aquella noche regresamos contentos a nuestra casa, satisfechos de que su deseo se había realizado por un milagro de Dios. Él siempre solía hablarnos de las promesas de María Santísima a quienes rezasen el rosario con devoción. Y dentro de estas promesas estaba el que recibirían gracias especiales. Y creo que la gracia mayor fue aquella de no dejarlo morir sin el auxilio de la Iglesia, siendo ésta otra de las promesas. Mi padre pedía un sacerdote y por milagro de Dios, y estoy segura por intercesión de María Santísima, apareció a las ocho de la noche por obra y gracia del Espíritu Santo.

Esa misma noche había planificado con mi mamá el salir de la casa a las diez de la mañana del día siguiente para visitarle nuevamente. Llegado el día, recuerdo que bajé las escaleras de mi casa para abrir el portón a mis hermanos Juan y Héctor, quienes venían en su carro.

¡Nunca imaginé lo que me comunicarían! Mientras abría el portón, Héctor, mi hermano menor, se me acercó y, mientras, le decía: "Mami y yo vamos a ver a papi". Recuerdo que, muy asombrado me miró señalándome: "¡Pero, tú no sabes!" Inmediatamente, sin esperar respuesta, le señalé: "¿Qué, papi murió?", "Sí", me respondió. Sentí como si el cielo y la tierra se me unieran, por lo que no pude evitar mis lágrimas. Fue entonces cuando me dijo: "Cálmate, pero tú se lo vas a decir a mami". Y en cuestión de segundos, como que Dios me fortaleció, subí a la casa nuevamente, entré al cuarto de mi mamá donde se encontraba arreglándose y le dije: "Ya no tenemos que ir a Ponce". Mi madre comprendió inmediatamente mis palabras y comenzó a gritar. "Me ha dejado sola", decía entre sus gritos y sollozos.

Sí, era una realidad. "La hermana muerte", como la llamaba san Francisco de Asís, le había abrazado alrededor de las siete de la mañana el 31 de diciembre de 2003, a causa de un infarto agudo de miocardio. Supimos por medio del doctor que no había sufrido, ya que había sucedido mientras dormía. Esa noche en que se había dormido, lo hizo para no despertar jamás. Estaba muy segura de que, así como lo había dejado en los brazos del sacerdote, descansaba en el regazo de la Madre.

Todavía es la hora que no me explico cómo, en cuestión de segundos, nuestra casa estaba llena de gente. Entre los presentes, allí se encontraba la hermana Josefina Colon, quien inmediatamente comenzó a rezar el Santo Rosario por el descanso eterno de su alma. ¡Cuánto le estuvimos agradecidos por su detalle, justo en aquellos momentos en que todos estábamos turbados! Personalmente bajé con mis hermanos Héctor y Juan para hacer los arreglos fúnebres. Realmente Dios es nuestra fortaleza, y nos da esa fortaleza. Todos nosotros estábamos destrozados y, aunque es un mismo amor el que nos unía al amor de nuestro padre, tengo que señalar que el amor en cada uno de nosotros, siendo el mismo, era distinto. Jamás olvidaré el rostro de dolor en cada uno de mis hermanos; dolor personificado en el amor que él mismo había sembrado en cada uno de nosotros, y en muchos que habían descubierto en él un sagrario para disfrutar de la compañía y la presencia de Jesús en su alma; cada vez que lo recibía en la Eucaristía celebrada: gente sencilla y humilde.

Mi hermano mayor, Juan, no podía hablar, y el menor, Héctor, se mantenía a distancia. Cuando fuimos a elegir las estampas como recordatorios, nadie hablaba; estaban sumergidos en un silencio mezclado con un dolor hiriente. Pero allí estaban conmigo, por lo que yo elegía y ellos asentaban con la cabeza como que estaba todo bien.

Al momento de elegir el ataúd, solo mi hermano Juan estaba a mi lado. Igualmente, asentó con la cabeza de que estaba bien la que se había seleccionado. ¡No hay dolor tan marcado como aquél que es sellado por el amor!

Por unos minutos me alejé de mi hermano Juan y fui en busca de mi otro hermano Héctor. Yo jamás podré olvidar la imagen de dolor que vivía cuando lo encontré sentado en una silla. Solo lo abrasé y le pregunté: "¿Lo viste, ¿verdad?". Y asentando la cabeza me dijo que sí. Nuevamente lo abrasé y regresamos al encuentro de nuestro hermano mayor, Juan. Dos años después de su muerte supe, por él mismo, que había tenido que ayudar a depositar el cuerpo de nuestro padre en el féretro. Nuestro padre era alto y pesado y, aparentemente, al personal se le dificultó hacerlo, por lo que tuvieron que buscar ayuda.

Regresando a los arreglos fúnebres, en un momento dado se acercó alguien para preguntar cómo hacían el anuncio: "¿Sepelio del hermano Abad o del hermano Juan Abad?" Una vez acordado lo del anuncio, estaba todo listo. Nos indicaron que podíamos pasar a verlo. Y entonces yo fui yo que se desplomó al ver que entraban su cuerpo a la sala. Mis hermanos, uno a mi derecha y el otro a la izquierda, me dijeron: "No, no te puedes desplomar porque tú nos das la fuerza". Y así entramos los tres a ver el cuerpo de nuestro padre. Jamás olvidaré la paz que reflejaba su rostro. Parecía dormido.

Fue velado por tres días, ya que esperábamos la llegada de otro de nuestros hermanos, Apolonio, quien vivía en California. Y allí, una vez más, justo a las doce de la noche en plena despedida de año, todos nos encontrábamos unidos en familia como siempre fue acostumbrado por él. Esta vez despedíamos el año en oración y en espíritu de recogimiento espiritual, rogando a Dios por el descanso de su alma.

Durante uno de esos días, el hermano Rocabel Chamorro (que en gloria esté), dio una plática como por media hora en la que hizo honor a su vida como hermano Cheo. Recuerdo haber visto la llegada de otros hermanos Cheos, y entre éstos jamás podré olvidar el rostro del hermano Jesús Maldonado, que me consta por su dolor reflejado cuánto le amaba.

Llegado el momento del entierro, todos nos dimos cita en la Iglesia Nuestra de la Monserrate. Mi padre había pedido que le enterrasen con música, teniendo de fondo aquella canción que amaba cantar: "Hoy he vuelto". Y así fue concedido su último deseo. Muchos hermanos Cheos se reunieron con él ese día. Recuerdo lo hermoso que fue verlos a todos ellos con su crucifijo Cheo levantado en alto y cantando el himno de San Juan Evangelista. Conociendo a mi padre, sé que también en su espíritu se paseaba entre cada uno de ellos cantando tan hermoso himno.

He de hacer la observación que meses después de haber sido enterrado, encontré una pequeña nota en uno de sus libros, fechada el 5 de abril de 1978, que decía así:

Cuando yo muera no quiero coronas,
sólo el rezo del Santo Rosario a la Virgen
un cántico antes de salir
y otro cántico al enterrarme; con música.

Es el favor que pido.
Y no olviden el rosario, nunca en la vida.
Morir en los sacramentos
es vivir para Jesús y María en el cielo
y ámense como una buena familia.

Hno. Juan A. Figueroa

Luego del entierro, cada uno de mis hermanos se refugió en sus respectivas familias. Mi madre, muerta del dolor y del cansancio emocional, fue a dormir. Yo me encerré en mi cuarto. Me encontraba sola, pero jamás podría describir con palabras la profundidad de aquella paz que invadió mi alma. Siempre pensé que era el espíritu de mi padre que me abrazaba. Creo que fue transmitida a mi alma cuando observé aquél, su cuerpo yerto que tuve delante de mis ojos. Sí, su rostro reflejaba una paz increíble.

Dos días después de haber sido enterrado quise ir a Ponce para encontrarme con el sacerdote que le asistió su última noche. Deseaba saber cuáles habían sido sus últimas palabras. Mi hermana Iris me acompañó, y aunque no sabíamos dónde era la parroquia del padre Francisco García, preguntamos hasta encontrarlo. Cuando le hicimos saber el propósito de nuestra visita, él muy sereno señaló: "¡Ah, ¿se murió ese señor?!" "Era nuestro papá", le respondimos. "No tienen por qué preocuparse, murió en paz; estaba sereno". "Sosteniendo el rosario en sus manos, me dijo: 'Reza a María por este pecador', siendo éstas sus últimas palabras".

Tras su muerte llegaron algunos testimonios vividos y expresados por algunas personas. Siempre los conservé por el gran significado que encontré en cada uno de ellos. Hoy deseo compartirlos, en agradecimiento.

Testimonio del hermano Gervasio Rolón, (que en paz descanse) el mismo día de su muerte.

—A eso de la una de la tarde me encontraba ante el Santísimo y sentí que María me dijo: "Gervasio, me he llevado a tu hermano Juan al cielo". A los cinco minutos apareció su hermana Silveria, comunicándole la noticia; a lo cual él le contestó: "Yo, ya lo sabía porque María me lo dijo. María habitaba en el corazón de don Juan".

Un día en que fuimos a visitarle señaló:

"Este libro ayudará a otros hermanos en la predicación Chea y tú continuarás predicando a través de él".

"María, acompañada de los ángeles vino a buscarle". - vicepresidente de Guayama

"Hermano, hoy día se celebra el día de María en el cielo. Él está disfrutando de esa fiesta en el banquete". Estas fueron las palabras de un hermano de Peñuelas. No sé a quién se las señaló, pero el mensaje llegó a mí. - (1 de enero del 2004)

"Siempre extrañaremos aquella fuente donde fuimos a buscar el pan celestial de la enseñanza". - Hermano William Pérez

Los que formamos parte integrante de la Primera Cruzada San Juan Evangelista estaremos siempre agradecidos a Dios de habernos permitido tener al hermano Juan como padre y consejero, y lo llevaremos en nuestro corazón con la seguridad de que nos encontraremos en el cielo.

Le pedimos a Dios Todopoderoso y a la Santísima Virgen María, que nos permitan algún día en el cielo, junto a Jesús, entonar el cántico a la Virgen que con tanto amor y devoción él cantaba, y que ya está cantando en el cielo: "Toma, Virgen pura nuestros corazones...". No te decimos adiós, hermano Juan Abad, sino hasta luego. - Comité Timón Primera Cruzada San Juan Evangelista (llegado a mis manos el sábado, 22 de mayo 2004)

"Un santo en los brazos de María se ha ido al cielo". Palabras de padre Francisco Anzoátegui (padre Paco) 31 de diciembre de 2003

Este sacerdote ha sido el director espiritual de quien escribe desde el 1997. A mi regreso a Massachusetts, luego de la muerte de mi padre, fue a visitarme. Dijo lo siguiente: —*Cuando supe la noticia, recé un Padre Nuestro y un Ave María. Cuando dije: "Dios te salvé, María..., sentí una voz que dijo: 'Un santo se fue en los brazos de María al cielo'. No era una voz de mujer. Yo pienso que era el ángel de la guarda de tu papá. Luego recé el rosario por él y cuando rezaba tenía la imagen de él cantando con el mariachi. Y nuevamente una voz dijo: 'Ahora él le canta en el cielo y canta el Salmo 42'".* (4 de enero de 2004)

En una de mis tantas direcciones espirituales me señaló: *"En vida siempre fue un mensajero de la Eucaristía".*

"Cuando tu papá predicaba, parecía un trueno". - Hermano Rocabel Chamorro Medina (Que en paz descanse)

Nunca tuvo nada, pero lo tuvo todo, desprendiéndose de todo. Él mismo testificó ese su deseo en sus escritos, que fueron mi mayor herencia. Decía así:

Hazme, Señor que abandone las cosas que hasta ahora he dejado
Haz que abandone el vestido que traje hasta aquí
Haz que me sienta desnudo ante tu presencia

Haz que abandone la vieja razón de vivir
Dame valor en la lucha Que tengo conmigo mismo
O haz que comprenda que solo un rival tengo yo
Ese rival es el mundo que llevo en mí adentro
Cuando me venza a mí mismo seré ya de Dios

Hno. Juan A. Figueroa

Dos años después de su muerte, viví una experiencia que, aunque muy personal, deseo compartirla con cada una de las personas que lean estos escritos. Primero, porque considero que fue un mensaje de parte de mi padre llegado desde el cielo, pues me consta que él se encuentra allí; y segundo, para que todos disfruten de ese pedacito de cielo del que me habla: morada de todos los santos.

Para septiembre de 2006, lo extrañaba tanto que mi deseo era encontrarle, abrazarle y poderle escuchar. Sabiendo que esto era imposible, decidí escribirle una carta. Cuando la finalicé, me pregunté: ¿y dónde la envío, si no tengo dirección? Y entonces quise que descansara en el alma sacerdotal de un gran sacerdote que Dios había puesto en mi camino por doce años: padre Francisco Anzoátegui (padre Paco), mi director espiritual. Sabía que mi padre se sentiría feliz de saber dónde había decidido depositarla. Él conoció a mi padre personalmente y fue adoptado como hijo y como hermano en nuestra familia, por ser huérfano de padre y madre, al finalizar la misa que celebrara con motivo de sus cincuenta años de matrimonio en el año 1997.

Para mi sorpresa, al día siguiente, a eso de las seis de la mañana, revisé la correspondencia personal, algo que nunca solía hacer a esa hora, y para mi sorpresa encontré que mi padre sí me contestaba aquella carta. Debo aclarar que por razones personales, era su costumbre identificarme como "la palomita mensajera".

Mi carta decía así:

Querido Papi:

Durante estos últimos días del mes, siempre me abraza un velo de tristeza. No puedo rechazarlo porque en él están impregnados recuerdos cuyas raíces están cimentadas en el amor. ¡Qué tristeza que me arranca lágrimas del alma! Sé que ante todo veo más allá y me encuentro con tu imagen de papá siempre alegre, sonriente, feliz; papá que se deleitaba con el gozo espiritual. ¡Sí! No había otra respuesta ante todo aquello que me dejabas saber porque como me decías: "Cuando la gracia de Dios se alegra en el otro, también la mía se alegra".

Gracias papi. Donde estés, sé que aún continúa floreciendo aquel gozo dibujado siempre en tu rostro. Sé que eres feliz, muy feliz. No te niego que en estos momentos sólo desearía perderme en un abrazo tuyo, así como las tantas veces lo he deseado, mas me satisface saber que tu espíritu traspasa éste, mi deseo. Cuando te pienso, siempre me detengo en aquellos tus pasos, tus obras, tu oración, en tu amor tan fiel.

A ejemplo tuyo, deseo morir amando a quien siempre promulgaste durante toda tu vida y que estaba marcado en aquella hermosa frase: "Yo soy el camino, la verdad y la vida". Y por supuesto, siempre amparada en la protección de nuestra Santa Madre. ¡Cómo la amabas! Siempre pienso en tu encuentro con Ella.

Querido papi, esta noche sólo quiero refugiarme en tu santidad, pese a esta añoranza de verte.

Te ama infinitamente,
La palomita mensajera

Esta fue su contestación:

Querida Hija:

Recibí tu hermosa carta por medio de la oración sacerdotal de uno de mis hijos adoptivos, pues has de saber que a lo largo de mi camino misionero, mi corazón abrazó a muchos sacerdotes a quienes adopté como hijos en mi oración diaria y mi afecto.

Sé de tu tristeza... Es parte del amor que nos une y es el precio de la cruz que nos redime. Mientras camines en este "valle de lágrimas", probablemente el dolor seguirá tocando tu puerta de vez en cuando; sólo te pido que levantes los ojos al cielo y te acuerdes cuál es tu herencia. Yo ya no lloro, pues en este lugar no existen lágrimas. La felicidad que embarga a los redimidos es tan grande que el gozo del Señor se refleja en cada rostro... Si pudieras experimentar este gozo, sabrías de lo que te hablo. "La gloria del Señor brilla en nuestros rostros y la inmensa felicidad brota constantemente de nuestros corazones, como un manantial que nunca se extinguirá". Es por eso que cada lágrima que derramamos en la tierra ofrecida a Dios, es un peldaño más que nos acerca al cielo donde ya no se sufre.

Yo también te amo más que nunca... tú, tus hermanas y hermanos son las rosas más bellas que Dios nos dio a tu madre y a mí en la vida. Sabes que nos dedicamos en alma, vida y corazón a amarlos y a cuidarlos de todo mal... Me alegra ver que cada uno de ustedes ha florecido y ha madurado en el jardín de la vida. Y aunque la rosa crece entre espinos, al florecer, su belleza no tiene igual. Deja que el dolor sea tu maestro y vuelva sensible tu corazón...Tu vida está llamada a ser una vida de servicio para los que sufren; y para poder ayudarles, tú necesitas pasar por el dolor para comprender el corazón de los que te buscan para encontrar en ti un oasis de paz y esperanza.

Lo que me sorprende es que no hayas sentido mis caricias y mi abrazo, pues no he dejado de darte la bendición y un beso cada noche cuando te vas a dormir. Sí, yo te envío "pequeñas señales de que estoy cerca" cada día... No vayas tan de prisa en la vida, palomita, y corras el riesgo de no detenerte a percibir un bello atardecer, el cantar de los pajarillos, unas flores que se abren para pintar de colores tu mundo..., yo me acerco y te abrazo, te hago sentir mi aroma, te sonrío y te ahogo sonreír.... Dirás que no soy yo. Detente, dale tiempo al silencio. Busca el "amor de los amores" y vuelca tus cargas en sus brazos. En el oasis, en la oración, en el silencio, en una flor, en un atardecer, en un amigo, en un niño, en una madre que sufre.... En todos esos lugares y circunstancias... allí esta JESUS... y donde está Jesús... ahí estoy yo.... Bendición mi hija, bendición.

CAPÍTULO VI
Las huellas de un Hermano Cheo

"Señor, reflexiono en la obra de tus manos"

Mi padre, al igual que aquellos humildes jibaritos, fue un humilde apóstol mariano a quien Dios quiso escoger para que fuese partícipe en la construcción de su obra. Perteneció a la Congregación Misionera de San Juan Evangelista - Hermanos Cheos desde el año 1953. Su formación tuvo una duración de tres años y medio; tiempo durante el cual recibió la teoría y la práctica en unión a los hermanos profesos. Durante sus años de noviciado, su espiritualidad fue alimentándose de la espiritualidad que moraba en aquellos los Hermanos Cheos con quienes Dios le permitió compartir y vivir sus enseñanzas: el hermano Carlos Torres, el hermano Federico Rodríguez y el hermano Magdaleno Vázquez. Además de esta espiritualidad que iba floreciendo en su interior, fue fortaleciendo sus raíces del fruto de las lecturas de la vida de los Santos, las meditaciones y el silencio interior. Estas vivencias y conocimientos espirituales influyeron significativamente en su vida. Él fue consciente que estaban centrados en los misterios de Cristo, del Espíritu Santo y María Santísima, en quien moraba la vida de la gracia. De ellos había aprendido que, para entonces, sólo había un camino para la conversión de muchos: el poder del Espíritu Santo y un ancla para la restauración del país en aquella crisis de fe: María Santísima. Él sabía que todo esto lo llevaría a Jesús.

Junto a aquellos hermanos fue conociendo la forma del apostolado en las diferentes comunidades donde predicaron. Además, seguía fielmente las instrucciones del sacerdote en su dirección espiritual. Durante todo este tiempo de formación, la oración fue el cimiento en su caminar. "La vida de oración es lo más importante en la vida de un cristiano", señalaba con firmeza.

Esto, juntamente con los sacrificios de aquella época de miseria, le ayudó a profundizar en aquellos pasos de Jesús; en aquella su disposición de amor y de sacrificio por la salvación de las almas y la oración constante. Considero que su espiritualidad nació de la imitación de Cristo crucificado, pues a Jesús se le conoce en la medida en que se le imita y se le sigue. (Jn 14, 5-14) Siempre fue su opinión: "La motivación mayor para pertenecer a esta Congregación misionera fue mi gran deseo por la salvación de las almas".

Unido a Cristo, por medio de la oración, aprendió a entregarse más al servicio para el cual fue llamado: misionar. De San Agustín solía meditar muchos de sus pensamientos y entre ellos "a elevar su propia alma sedienta a Dios para luego entregar cuánto había bebido, vertiendo en los demás aquello de lo cual estábamos colmados".

Estuvo comprometido a su misión apostólica por medio de la oración, diría que un cien por ciento. Y su espíritu de pobreza y desprendimiento de todo lo material fue reflejo de su fidelidad, su entrega y conversión. Vivió siempre a merced de la providencia divina, siendo un acto de fe, que dejaba ver a su vez con gran convicción, su vocación extraordinaria. Depositó en las manos de Jesús su cansancio y su debilidad humana adquiriendo, a cambio, fortaleza. Y profundizando más en su vocación interior pude ver su espíritu carismático y evangelizador haciendo votos de pobreza. Dios siempre le asistió con gracias y bendiciones; le dio el don de la palabra inspirada por el Espíritu Santo, fortaleciendo así su fe, esperanza y caridad.

Aun conociendo cuáles fueron sus tantas debilidades humanas, fue digno de ser fiel al Evangelio de Jesús; de haber contribuido en este mundo en la unidad del hombre para con Dios. Pues para estar en gracia de Dios y vivificar el Espíritu Santo no hace falta educación ni vestimenta que nos cataloguen. Sólo necesitamos ser humildes de corazón, vivir la fe y participar de todo cuanto Dios nos ha dado. Como señalaba Roque Schneider: "Sólo necesitamos aprender la lección de los edificios. Nuestro rol es ser andamio. Humilde, pero también necesario en la construcción de la vida, del mundo, de la civilización".

Durante toda su vida apostólica sembró la esperanza en muchos que estaban perdidos, logrando la reconciliación de estos para con Dios. Su forma de ser: confiada, sencilla, jovial y amigable fue la vía que sirvió como instrumento para que la gente confiara cuando transmitía el mensaje de Jesús, alimentaran sus esperanzas en la fe y pudiesen perseverar en el desaliento. Siempre supo llevar con gran dignidad cristiana el crucifijo Cheo que le identificaba como misionero, y con el cual hacia resplandecer el amor de su alma misionera. De su interior nacía aquella enseñanza de que la Cruz era camino de salvación, único camino que le unía al mandamiento mayor y que le conduciría a la vida eterna.

Siempre fue perseguido por las enfermedades, las que consideraba como medio de purificación. En los momentos de grandes tempestades se sostuvo de su amado Jesús y María Santísima; "sobre sus hombros siempre llevo su yugo con alegría". (San Agustín)

Recuerdo que años atrás, mientras padecía del dolor producido por la culebrilla que tenía en su cabeza, se amanecía llorando, pero a su vez cantando himnos a María Santísima. ¡Cómo se fortalecía! "Vivan alegres por la esperanza que tienen; soporten con valor los sufrimientos; no dejen nunca de orar", solía decirnos. (Rom12, 12) Sólo a los fuertes somete a prueba el Señor. Y es que, como sostenía el padre Amorth: "Para el creyente hay espacio para el dolor porque es el camino de la cruz el que nos salva; pero no hay espacio para la tristeza". Él siempre mantuvo sus ojos fijos en Jesús, en aquella esperanza por venir.

El Papa san Juan Pablo II indicó en uno de sus mensajes: "Se puede decir que el hombre se convierte de modo particular en camino de la Iglesia cuando en su vida entra el sufrimiento". Verdaderamente la vida de mi padre fue reflejo de estas palabras. Su vida estuvo marcada por el sufrimiento, tanto moral como físico. Moral, por las muchas humillaciones y calumnias; y físico, no tanto por sus enfermedades, sino por las ingratitudes de muchos vecinos, sacerdotes y personas que le calumniaron injustamente. Cuando meditaba sus palabras, sólo vi su fe reflejada en las palabras de San Pablo: "Es preferible sufrir haciendo el bien, si esta es la voluntad de Dios, que por hacer el mal". (1 Pe 3, 17) "Me alegro de poder sufrir por ustedes y completo en mi carne lo que le falta a los padecimientos de Cristo, para bien de su cuerpo que es la Iglesia" (Col 1,24); "y no sólo esto, sino que también nos alegramos en el sufrimiento; porque sabemos que el sufrimiento nos da firmeza para soportar, y esta firmeza nos permite salir aprobados, y el salir aprobados nos llena de esperanza". (Rom 5, 3-4)

Todo esto, como señala la palabra, procedía de Dios que les ha concedido a ustedes la gracia, no sólo de creer en Cristo, sino también de sufrir por él, sosteniendo la misma lucha en la que ustedes me han visto empeñado. (Fil 1, 29) "Acuérdate, Señor, la promesa que le hiciste a tu siervo, en ella he puesto toda mi esperanza y ha sido ella mi consuelo en la aflicción". (Sal 119-49-50)

Caminaba hacia la vida eterna, abrazado fielmente a la cruz de su propia vida. Sabía que aceptándola caminaba hacia la luz, pues "la cruz es camino a la Gloria, a la luz". (Mt 16, 24-25)

Si tuviese que definirle, lo haría como hombre de gran fe, mariano por toda una eternidad, un fiel hijo de María Santísima, quien a su vez le convirtió en un hijo fiel de Jesucristo.

Hoy me detuve en sus huellas y en cada una de ellas vi cómo fue profundizando en la fidelidad de aquel llamado que le había hecho Jesús; predicando su evangelio, regándolo como buena semilla en las almas sedientas del amor de Dios. Éstas fueron sus huellas:

La huella de la conversión. Su conversión fue una roca firme en el seguimiento de Jesús, como Jesús camino, verdad y vida por medio del Espíritu Santo. Siempre fue guiado por su evangelio y por su fe, y no por los criterios del mundo y de la carne. Fue realmente una conversión de morir al hombre viejo y nacer al hombre nuevo. (Ef 4, 22-23) Fue auténtica, jamás dio vuelta atrás. Cada día fue reafirmándose sólo en Dios, donde se revestía más bien del Señor Jesucristo como buena armadura. (Rom 13, 14)

Recuerdo cómo esto le fortalecía y le ayudaba a afrontar los sufrimientos que padecía. A su edad ya avanzada (80 años) gozaba de una paz nacida de una conversión fiel al compromiso para con Cristo, despertando por siempre a la Vida. Y al igual que San Agustín, modelo de conversión espiritual en su vida, señalaba que sólo deseaba una cosa: "Habitar en tu casa, Señor, todos los días de mi vida para contemplar tu gloria". Su alegría fue el fruto del Espíritu Santo (Gal 5, 22), "donde abundó el pecado, sobreabundó la gracia". (Rom 5, 20) Estamos seguros que detrás de sus horas oscuras, se escondía aquel hermoso amanecer.

La huella de la perseverancia. Su perseverancia fue constante y profunda hasta la muerte, ya que estaba unida a la gracia santificante que recibía por medio del arrepentimiento, la confesión diaria, la comunión, la oración, los sacramentos en general, y las buenas obras.

Sólo no hubiera podido perseverar, si no hubiera estado unido a una vida de oración constante. (Ef. 6,18) Unida a esta virtud, estaba la gran prueba de los momentos de humillaciones en los que demostró cuáles eran los cimientos de su edificio. Fue la virtud de la perseverancia que le mantuvo firme a pesar de las dificultades en su camino donde recordaba las palabras de Jesús: "Toma tu cruz y sígueme".

Y para profundizar más en esta huella, se tomó de la mano de la palabra de Dios: "Mas lo que cae en buena tierra son los que, al oír la palabra con corazón bueno y recto, retiene y dan fruto con perseverancia. Los exhorto a perseverar en la gracia de Dios". (Hch 13, 43) (Hch 14, 22)

Y a mayor perseverancia, más comunicación con Dios. Fue consciente de que la perseverancia era signo de victoria. (2 Tim 4, 7) Y que como cristiano perseverante no podía ser separado de Cristo. El creyó en todos estos mensajes, por lo que perseverando sabía que iba camino a Cristo, quien nos hace santos.

Mantuvo siempre sus pies sobre la roca teniendo plena confianza en Dios, teniendo la certeza de que Él estaba a su lado, permaneciendo fiel cada día más en lo que hacía, ya que sabía que cumplía con lo que mandaba la ley. (Sat 1, 25) De Jesús aprendió que había que perseverar para alcanzar la salvación. "Mas el que persevere hasta el fin, éste será salvo". (Mat 24, 13)

Siempre estuvo preparado para afrontar las contrariedades y oposiciones en su caminar. Y para mantenerse fiel en aquella perseverancia constante, recordaba las enseñanzas de San Agustín, quien decía: "Sácalo de la arena, ponlo sobre la roca. Aquel que tú deseas que sea cristiano, que se apoye en Cristo. Que piense en los inmerecidos tormentos de Cristo, que piense en Cristo, pagando sin pecado lo que otros cometieron, que escuche la Escritura que dice: 'El Señor castiga a sus hijos preferidos'. Que se prepare para ser castigado, o que renuncie a ser hijo preferido". Y verdaderamente prefirió ser preferido.

La huella de la oración. Llevó una vida de oración diaria y constante, por lo que frecuentemente meditaba las palabras de San Pablo a los Romanos: "Alégrense en la esperanza, sean pacientes en la tribulación y perseverantes en la oración". (Rom 12, 12) Decía San Agustín: "El buen siervo tuyo es aquél que no se empeña en oírte decir lo que a él le gustaría, sino que está sinceramente dispuesto a oír lo que tú le digas". Sabía que por medio de la oración podía alcanzar lo que la voluntad de Dios quería concederle; era el medio por el cual se ayudaba en su perseverar de cada día, y donde tenía la fortaleza en las pruebas y tentaciones. "En la oración está la fuerza de la que nace la esperanza", decía con frecuencia.

En la paz de su alma sólo escuchaba la voz de aquél que lo iba transformando cada día. Y se entregó, no sólo a la oración diaria por medio del Santo Rosario, la liturgia de las horas (las laudes, vísperas, completas), sino a la adoración, a la intercesión por los demás.

En sus labios siempre estaba grabada aquella bendición de Dios sobre nosotros, y sobre todo aquel hermano que la solicitara, con aquellas sencillas palabras: "Dios te bendiga".

Visitaba a Jesús, presente en el tabernáculo cuantas veces podía. Por fe, creía y sabía que allí Jesús estaba real y personalmente presente en cuerpo, sangre, alma y divinidad. Todos los jueves era de saberse que nuestro padre estaba allí frente al tabernáculo sumido en la adoración, intercediendo y rogando. Había solicitado al párroco, el tener copia de la llave de la iglesia para poder estar allí, donde su entrega era libre. Y en este encuentro íntimo y de adoración nacían las peticiones donde se unía a Él, por el bien de las almas, y todo se cumpliese según su santa voluntad. Desde su alma intercedía por el bien de los suyos y todos aquellos que le pedían oración; **oraba, así** como lo aprendió de Jesús cuando oró por sus discípulos.

Es de saberse que la mayor oración de acción de gracias es la Eucaristía, de la que tomaba participación todos los viernes y cuantas veces pudiera hacerlo. Siempre amó la Eucaristía. Quizás fue por eso que a su muerte, y después de su muerte, florecieron tantas misas por el descanso de su alma. Me consta que se celebraron en New York, Massachusetts y hasta en Roma.

Hoy, aunque no está físicamente con nosotros, me consta por fe que su oración de alabanza constante continúa unida a la alabanza eterna de los ángeles y los santos en el cielo.

La huella del sacrificio. San Agustín señalaba: "El sacrificio es una obra divina". Mi padre murió al mundo y sólo vivía por amor a la salvación de las almas y amor al prójimo; ese fue su sacrificio. Eligió a Dios por encima de todo y nunca estuvo atado a nada material.

Renunció a sus propios gustos y comodidades. Siempre estuvo refugiado en la palabra: "Compadécete de tu alma haciéndola agradable a Dios". Y en aquellas, las palabras de San Pablo: "Por ese cariño a Dios los exhorto, hermanos, a que ofrezcan sus cuerpos como hostias vivas, santa, agradable a Dios como vuestro cuerpo auténtico".

Dios iluminaba su alma y la encendía con su Espíritu en su obrar por el bien de los demás. Fue el sacrificio de darse a sí mismo en su afán por el bien de las almas que se consumían por falta de la sed de Dios, de liberarlos de la miseria del pecado. Aquél fue su sacrificio que unido al de Cristo formaba un solo cuerpo".

Su verdadero sacrificio estuvo marcado en toda la buena obra que hizo, en la medida que obró por el bien del hombre; de la salvación de su alma para que estuviera unido a Dios. Ese su sacrificio siempre lo vivió piadosamente.

La huella de la caridad. Creo que, de todas las virtudes teologales, la caridad era la que inflamaba el alma de mi padre. Su caridad hacia el prójimo la venía observando desde que era muy niña. Recuerdo una estampa de un anciano que apareció en nuestro hogar. No sé de dónde vendría, ni porqué fue a dar a nuestro hogar; a penas yo tenía seis años. Lo cierto es que mi padre, aún sin haber espacio donde acomodarlo, le abrió un catre en la sala dándole albergue. En aquel, su acto de caridad estaba la base de su espiritualidad que hoy puedo describir como su amor por el prójimo. La caridad era la virtud que le definía como todo un cristiano. "Si amas al prójimo, estás amando a Dios", solía decirnos. Ésta fue la huella que profundizó en todos nosotros, sus hijos. Y fueron muchos sus actos de caridad, pero carecerían de valor si los mencionara. Sólo importa saber que en cada uno de ellos estaba, como cimiento, el amor, y "la mirada del amor es amar sin medida". (San Agustín)

La huella de la alegría. La alegría era característica natural en su rostro. Siempre estaba alegre, riéndose; a todo le ponía sentido del humor, pues aceptó con gozo la voluntad de Dios, en fe y en verdad. "El Templo de Dios es santo, y ese templo son ustedes". (1 Cor 3,17) Cuando sentía que la cruz era pesada, se refugiaba en las palabras de San Pablo a los Gálatas: La cruz motivo de gloria (Gal 6,14) Depositaba su cansancio, su debilidad humana a la voluntad del Padre, adquiriendo a cambio fortaleza. Aquella misma fortaleza que Jesús nos enseñó a tener cuando caminaba con la cruz al calvario. Siempre abrigó en su alma su espíritu de niño, el cual desplazaba riéndose pese a las adversidades de la vida, señalando: "Soy un pobre pecador, pero confiado en la palabra de Jesús que me hace sentir un fiel testigo de su sola verdad".

Desde aquella primera vez que sintió el silencio de Dios en su interior, descubrió el silencio de un Dios que vivía en lo más íntimo de su alma: el rostro feliz de Jesús. Desde aquel instante fue poco a poco recuperando el silencio que había perdido en el bullicio mundano.

Y desde entonces, la gracia de Dios continuó transformándolo cada día a tal punto que, al igual que San Pablo, pudo señalar: "Ya no soy yo quien vive, es Cristo quien vive en mí". Se sintió un hombre feliz por lo que expresaba:

—En el santo sacramento del matrimonio mío y de mi esposa Lolita, Dios nos premió con seis tesoros los cuales nacieron del amor, del uno para el otro. ¡Por eso se quieren tanto! No importa como sea. Son ellos: Juan, Iris, Milagros, Apolonio, Lourdes y Héctor; incluyendo el séptimo, Hipólito, de otra madre, pero que es también nuestro hijo. Para el nacimiento del menor, Héctor, para mí fue el momento más triste, ya que me habían indicado que mi esposa había muerto de parto. A mí se me unió el cielo y la tierra. Me eché en los brazos de la Virgen. Cuando llegué al hospital me dijeron que había vivido.

¡Qué alegría sentí en mi alma escuchar que estaba con vida! ¡Gracias Dios mío! ¡Gracias Virgen María! Aunque nunca quedó bien de salud, pero está a nuestro lado, y yo, aunque no tengo capital, me siento ser un hombre feliz y rico con mi familia; hombre millonario, espiritualmente hablando. Tengo una esposa que supo criarlos en lo moral y en lo espiritual. La menor de las mujeres, la que nos queda soltera, se desvive por sus padres y sus hermanos.

¡Qué más le puedo pedir a Dios! Pues que un día nos podamos encontrar juntos en el reino de los cielos.

De los seis, ya hay casados; el rosal sigue creciendo y en la familia ya somos veintiséis. Todos nos queremos. Y creo ser feliz gracias a Dios una vez más, por tener una esposa que es fiel a su esposo y, sobre todo, a Dios Padre porque no los evitó, ni los mató en su vientre. Será una parte de su corona un día en el cielo. Así sea.–

Dios le concedió la alegría pascual como fuente de esperanza para que la hiciera florecer en los que sufrían.

Siempre pude leer en su rostro aquel salmo que decía: "Mi fuerza y mi cántico es el Señor". (Sal 118, 14)

La huella de su alma misionera. Siempre predicó a ese Jesús vivo, al Cristo de fortaleza y sabiduría, al Cristo crucificado, que ya resucitado, venció a la muerte, proclamando constantemente nuestra salvación por la sangre del Cordero. Y lo hacía con toda aquella fuerza interior que nacía de su alma, siendo fiel a las enseñanzas de la Santa Madre Iglesia, a los preceptos, a los sacramentos, a los mandamientos, a la doctrina. En su alma misionera radicaba aquella fuerza y convicción reflejada en el Credo de los Apóstoles. Mientras más profunda era aquella su huella misionera, más profundamente era su lealtad, encontrándose con la cruz de Jesucristo, siendo aún más palpable aquella su esperanza.

Y en la medida que iba profundizando y sellando esta huella misionera al promover el evangelio de Jesús, se sellaban otras huellas como la huella de los valores y principios dictados por la Iglesia, la huella de la obediencia y la de la dignidad de seguir a Cristo, siendo su discípulo; y, por sobre todo, la huella más profunda: la del amor al prójimo donde se veía reflejada el mandamiento mayor: "Amar a Dios por sobre todas las cosas y al prójimo como a ti mismo".

La huella mariana. Su fortaleza siempre estuvo apoyada en la intercesión de María Santísima, nuestra Madre. Creía en esa protección maternal marcada por una gran convicción de fe. Y al igual como predicaba a un Jesús vivo, también predicaba a una Madre espiritual de quien alcanzó la perseverancia en su caminar. Y consagrado a María Santísima, la gracia de la perseverancia fue aún más sólida. Ella misma promete esta gracia a todos los que la sirven fielmente en esta vida. Y él creía en sus palabras: "Los que se guían por mí, no pecarán; los que me dan a conocer a los demás obtendrán la vida eterna". Su amor mariano latía en su alma. Siempre estaba de pie junto a María porque le agradecía el que le hubiera dado a Jesús.

La huella del amor Eucarístico. Éste siempre fue el sacramento mayor de donde se sostuvo para mantener su fortaleza y vencer su debilidad humana. Era la Eucaristía de quien sentía tener participación de su vida. "Comer esta comida y beber esta bebida es lo mismo que permanecer en Cristo y tener a Jesucristo, que permanece en sí mismo". Siempre predicó y defendió a Cristo presente en este hermoso sacramento, padre de todos los sacramentos. Durante su caminar a cuántos llevó a recibir este hermoso sacramento del amor; desde aquellos sus comienzos como catequista hasta llegar donde los enfermos en sus visitas domiciliarias.

Su amor por la Eucaristía brotaba de su corazón permaneciendo vivo en su alma.

Los sábados, cuando asistía a misa y comulgaba, era su costumbre con gran devoción sentarse al lado de una persona que no podía comulgar por razones personales. Le echaba el brazo sobre su espalda como queriendo infundir también en su alma, aquella Hostia Santa que rebozaba en su alma misionera; infundirle aquel fuego de amor que sentía que vivía y palpitaba en su corazón. Este acto de amor reflejaba aquellas palabras de San Pablo a los Gálatas: "La fe actúa por la caridad". (Gal 5, 6)

La huella de la fe. Demostró su fe promulgando firmemente el evangelio de Jesús durante todo su caminar apostólico; la profesó y la difundió. Pero no sólo así, sino que la demostró en sus obras, pues "la fe sin obras está muerta". (Stg 2, 26) Su ejemplo de vida lo vi sellado en las palabras de San Pablo a los hebreos: "Pero nosotros no somos de los que retroceden para perdición, sino de los que tienen fe para la preservación del alma". (Heb10, 39) Su fe fue sólida hasta el final.

Siempre llevaré conmigo grabado aquel su consejo que solía repetirme sin cesar: "Pídele siempre a Jesús sacramentado que aumente tu fe".

Por su gran fe supo afrontar sus frustraciones, sufrimientos y humillaciones revistiéndose cada día más de Jesús sufriente; cultivando su esperanza en su resurrección. El espíritu de Dios le infundía la fuerza necesaria ante cada caída, siendo su renovación espiritual mucho más firme, pues era ungido por Él. Fue así como fue experimentando la vida de la gracia, porque en su corazón estaba su espíritu. (Jn 7, 37-39) Decía San Agustín: "Fe es creer lo que no ves; la recompensa de esta fe es ver lo que crees". Y hoy estoy segura de que se gloria en lo que siempre creyó.

La huella de la santidad. El Papa emérito Benedicto XVI señaló que la santidad "no consiste en realizar acciones extraordinarias, sino en unirse a Cristo, en vivir sus misterios". A pesar de las dificultades en su vida, vivió con convicción la realidad del amor de Dios. Siempre reflejó aquella alegría en su rostro al cumplir con la voluntad de Dios en su seguimiento de seguir a Cristo. Creo fielmente que Dios le dio la gracia y lo fue transformando en imagen de Cristo. (2 Cor 3,18) Después de haber sido liberado del pecado estuvo al servicio de Dios caminado a la santidad que le conduciría a la vida eterna. Todo lo que hizo, lo hizo por amor. Bien lo señala el Rev. José Antonio Fortea, exorcista español, "El santo no se crea, se hace a sí mismo con la acción de la gracia".

Su santidad fue como un volar libre desde su adentro y solo hacer lo que era agradable a Dios, a pesar de las dificultades de la historia y de su propia vida. Y lo mostró abrazándose a su propia cruz durante su caminar con el solo objetivo de alcanzar almas para Dios. En su rostro siempre pude leer solo la alegría de hacer la voluntad de Dios con humildad, con prudencia, con sacrificio, obediente en su caminar hacia Cristo.

La huella del servicio. En esta huella vi impregnada las huellas del amor, la perseverancia, la caridad y la oración, por considerarlas las raíces que fortalecieron su servicio por amor a Dios y al prójimo; servicio que fue creciendo dentro de su espiritualidad, edificando así su vida interior y transmitiéndolo a todos los demás. Este, su servicio de entrega le ayudó a perseverar más en su caminar a la santidad, en su crecimiento en la oración, en la caridad hacia el prójimo y a Cristo. Pues dentro de su alma estaban grabadas las palabras de San Pablo a los Colosenses: "Todo lo que hagan, háganlo de buena gana, como si estuvieran sirviendo al Señor y no a los hombres. Pues ya saben, que en recompensa el Señor les dará parte en la herencia. Porque ustedes sirven a Cristo, que es su verdadero Señor". (Col 3, 23, 24) Su mirada siempre estuvo fija en las cosas de arriba y no en las de la tierra.

Ya al morir, vi plasmada su huella en el Salmo 23: "El Señor es mi pastor, nada me falta", pues lo condujo hacia fuentes de tranquilas aguas. Siempre reparó sus fuerzas desgastadas por las calumnias, las humillaciones, las frustraciones y las heridas que fueron latigazos en su vida. En aquellos, sus momentos más oscuros, creyó que allí estaba Dios con su vara y su cayado sosteniéndolo, levantándolo más firme aún. Sintiendo la unción de su espíritu cuando la copa rebozaba, demostrando su bondad y misericordia. Nunca desvió su vista de los ojos de Jesús. Y ante tanta fidelidad estoy segura que hoy habita en la casa del Señor por años sin término.

Por cada huella que selló en su vida, Jesús le concedió la vida de la gracia que fluía de su Espíritu: nunca se rindió al amor, ni a aquella esperanza que iba marcando cada día en su vida, pues sus huellas siempre estuvieron selladas en las huellas de quien siempre promulgó: "Yo soy el camino, la verdad y la vida".

Fechas Importantes

- 26 de abril de 1953 - Fue nombrado Hermano Cheo.
- 2 de septiembre de 1984 - Monseñor Herminio Viera le entrega el nuevo crucifijo número 11 que le identifica como Hermano Cheo (Monseñor quiso que todos tuviesen un mismo modelo de crucifijo).
- 15 de agosto de 1972 - Fue instituido ACOLITO* por Su Excelencia Reverendísima Monseñor Ulises Casiano Vargas, Obispo de Mayagüez, para ese entonces. (ver apéndice F)
- 28 de octubre de 1985 - Comenzó su ministerio como Hermano Penitente.
- 11 de junio de 1992 - Se reintegra a la Congregación de San Juan Evangelista Hermanos Cheos.
    - Para clarificar lo de Acólito. Fue el Rev. Esteban Santaella, quien durante sus años como director Espiritual de los Hermanos (1972), consiguió del Señor Obispo de Ponce, Fremiot Torres Oliver, la ordenación de acólitos de los hermanos varones para que pudiesen completar las misiones con la distribución de la santa Comunión donde fuesen autorizados por los párrocos en toda la isla.

Galería de Fotos

Hno. Juan Abad Figueroa acompañado de su Hermano Vicente Figueroa en sus comienzos.

Hermanos Cheos acompañados de Monseñor Víctor Nazario y el Rev. Ernestino Laboy Lamberty. Entre los Hnos. Se encuentran a mano izquierda: el Hno. Juan Abad Figueroa, el Hno. Federico Rodríguez, el Hno. Marcelino Velázquez, el Hno. Magdaleno (primera fila). A la derecha: el Hno. Vicente Figueroa y el Hno. Ramón Velázquez (cuarto en la fila)

Hermanos Cheos: Entre los conocidos de derecho a izquierda: El Hno. Rufino Hernández, El Hno. Gervacio Rolón, el Hno. Carlos Torres el Hno. Gabán y el Hno. Juan Abad Figueroa.

Hermanos Cheos en sus comienzos. Aquí podemos ver al Hno. Magdaleno Velázquez a la izquierda, El Hno. Ramón Velázquez (tercero en la primera fila) A la derecha, al Hon. Vicente Figueroa y al Hno. Juan Abad Figueroa

Imaginamos que esto fue un día de la celebración de la fiesta de San Juan Evangelista.

APÉNDICE A
Introducción a la Primera Edición

Para este servidor es un honor y una alegría escribir estas líneas de introducción para el lector de este hermoso y sencillo libro *Biografía de un Hermano Cheo*, el cual nos presenta la vida del hermano Juan Abad Figueroa Hernández por medio de su querida y muy fiel hija, Lourdes.

El hermano Juan nos inspira porque vemos en su persona, y a través de las distintas etapas de su vida, un constante progreso en el Camino de la Santidad, superando el hombre viejo del pecado y revistiéndose cada día más y más de la Persona de Nuestro señor Jesucristo.

La vida del hermano Juan como Hermano Cheo es un verdadero testimonio de entrega incondicional a la voluntad de Dios y de confianza absoluta en la Divina Providencia. Vemos en el hermano Juan uno que ha predicado no sólo con sus palabras, sino, más importante aún, con sus buenas obras, su caridad y paciencia, su capacidad de perdonar y amar, y su habitual práctica de oración y penitencia que desarrolló por medio de mucho sacrificio y disciplina personal.

La espiritualidad del hermano Juan se conoce por medio de frases como la siguiente: "Cuando la gracia de Dios se deja sentir en otra persona, también la de uno se alegra". Su amor por Jesús, la Virgen María, los santos, los sacramentos, los mandamientos, la Biblia, edifica. Él ha sido un apóstol humilde y fiel, dando su vida al servicio de la Iglesia y Puerto Rico.

Doy profundas gracias a Dios por la vida y el testimonio de fe del hermano Juan. Pido al Todopoderoso que cuando pase el hermano Juan de esta vida a la vida eterna, se le recompense en creces por haberse mantenido siempre fiel, gozoso y lleno de esperanza, aún en las circunstancias dolorosas que probaron su fe y compromiso en el seguimiento de Cristo.

Finalmente, felicito a la autora de este libro por haber realizado una obra tan amorosa y tierna en honor a su querido padre y de los Hermanos Cheos. La autora ha escrito, desde su fecundo encuentro con Dios, un libro que inspira y anima al lector.

+ *Roberto Octavio González Nieves,*
O.F.M Obispo Auxiliar de Boston
Fiesta de la Natividad de María Santísima
8 de septiembre de 1993, Año del Quinto
Centenario de la Evangelización de Puerto Rico

APÉNDICE B
Imagen de Fátima que le acompañó durante toda su vida apostólica

APÉNDICE C
Plan de reorganización de la Congregación, Notas y Reglas de los Hermanos Penitentes redactadas por el Hno. Hermino Barreira

Un grupo de Hermanos que se sientan llamados y guiados de Dios y su Divina Providencia para la predicación en forma penitente como más adelante se propondrá.

1. No será jamás un grupo nuevo, ajeno o distinto a la Congregación, o al espíritu de la Congregación.
2. Se compondrá de aquellos hermanos predicadores o auxiliares que se sientan llamados y reúnan los requisitos que serán, entre otros:
   a- vocación
   b- piedad
   c- entrega total y sin reserva
   d- posibilidad de hacerlo

En qué consiste lo de "penitente"

1. Estos hermanos entrarán a los pueblos o sitios de misión a pie desde, por lo menos dos kilómetros antes, a fin de llamar a la atención, no para ser vistos con lucimiento, sino de predicar con el ejemplo la Penitencia y llamar la atención del pueblo induciéndolos de un cambio de su corazón a Dios.
2. Irán, no en grupo de dos, sino de seis.
3. No usarán ropa corriente, sino un traje penitente de saco.
4. No usarán zapatos, sino descalzos algunos, el que quiera, o con chanclas de cuero, y un bastón como ayuda y posible protección.

5. No se cobrará dinero bajo ningún concepto, ni se insinuará en ello. Si lo diesen, que sea por medio de otra persona.
6. Depender completamente y total de la Divina Providencia
7. No comer carne los viernes y el rezo diario del santo Rosario.
8. Como equipo personal para la misión, siempre y sin excepción será:
   a- El Crucifijo Cheo
   b- El santo Rosario
   c- La Santa Biblia

Regla de vida

1. Antes de comenzar, se hará una confesión general, total y completa de toda su vida, como si fuera la última.
2. Una consagración, al que no la haya hecho, a la Santísima Virgen y al Sagrado Corazón de Jesús.
3. Retirarse por tres días a la montaña, o a un retiro espiritual de silencio total
4. Vida de oración y piedad

¿Cómo será la misión?

1. Según el espíritu original de los hermanos: plática, rosario, cantos y sermón
2. Comenzar siempre, y sin omitir jamás el saludo al Santísimo Sacramento y a la

Santísima Virgen María.

1. En la predicación, siempre y en todas partes, se le dará prioridad a los siguientes temas: la Eucaristía, la santísima Virgen, el pecado, los sacramentos, la defensa del Santo Padre, la jerarquía y el sacerdocio
2. El espíritu de la misión de estos hermanos será defender la Santa Iglesia y combatir los errores del protestantismo.
3. Nunca se dirá en público, "la iglesia" sino "la Santa Iglesia Católica"
4. En la misión los hermanos llegarán al sitio de la misión sin equipo, solo con lo esencial.

5. El otro equipo que se considere necesario o imprescindible se llevará antes o después, y nunca al llegar, o que se vea en el recibimiento de los hermanos.

APÉNDICE D
Carta de expulsión 3 de enero de 1991

CONGREGACION SAN JUAN EVANGELISTA
(HERMANOS CHEOS)
APARTADO 118
PEÑUELAS, PUERTO RICO 00724

Oficina del Administrador
Tel. 836-1512

3 de enero de 1991

Hno. Herminio Barreiro

Apreciado Hermano:

Que la Paz y el Amor de nuestro Señor Jesucristo estén contigo y toda tu familia.

Espero te sientas feliz con la nueva misión que has iniciado. Como lo hemos hecho con otros hermanos, te estamos relevando de los compromisos que habías contraído con nuestra congregación.

Al recibo de ésta, debes considerarte fuera de la Congregación, para que puedas organizarte y llevar a cabo la forma de apostolado que te has propuesto.

Si en el futuro cambias de parecer, las puertas de nuestra congregación estarán abiertas, luego de haberse hecho una reevaluación de tu caso por nuestra directiva.

Deseándote el mayor de los éxitos y pidiendo de todo corazón que la Paz de nuestro Señor Jesucristo, el Amor del Padre y la Comunión del Espíritu Santo estén siempre contigo por medio de la gloriosa intercesión de la Santísima Virgen María.

Encomiéndanos en tus oraciones y cuenta con las nuestras.

Fraternalmente,

Mons. Marcos Pancorbo
Mons. Marcos Pancorbo, P.H.
Director Espiritual

Hno. Cecilio Rivera Ortiz
Hno. Cecilio Rivera Ortiz, H.Ch.
Presidente

cc: SER Mons. Fremiot Torres Oliver
SER Mons. Ulises Casiano Vargas

CONGREGACION SAN JUAN EVANGELISTA
(HERMANOS CHEOS)
APARTADO 118
PEÑUELAS, PUERTO RICO 00724

Oficina del Administrador
Tel. 836-1512

9 de febrero de 1991

HNO: Juan A. Figueroa

Muy querido Hermano:

Que la paz de Cristo, sumo y eterno Sacerdote llene tú vida y la de los tuyos.

Espero que hallas recibido copia de la carta que le fue enviada al Hno. Herminio Barreiro en relación a su separación de la Congregación.

Por tanto la directiva en unión al Director ha determinado, que todo Hno. Cheo, que desee pertenecer al grupo llamado "LOS PENITENTES" no se le prohibirá tal determinación; pero entenderá que a partir de ese momento deja de pertenecer a la Congregación san Juan Evangelista (Hno. Cheo).

Por tanto le pedimos que por favor nos entregue inmediatamente el Carnet de identificación de Hno. Cheo.

En cuanto al Crucifijo, hemos determinado lo siguiente; preferimos que sea devuelto por ser también una identificación de la Congregación y estamos en la mejor disposición de devolverle el costo del mismo.

Espero se comunique conmigo lo antes posible al teléfono 747-4838 y así podemos aclarar cualquier duda al respecto.

En Cristo y María,

Hno. Cecilio Rivera Ortiz
HNO. CECILIO RIVERA
PRESIDENTE

omb

APÉNDICE E
Carta de reintegración
11 de junio de 1992

11 de junio de 1992
Jayuya, P. R. 00664

Hno. ____________________

Apreciado Hno.

Salud y paz en Jesús y María Nuestra Madre. Me dirijo a usted con amor y afecto y con el mayor respeto que usted merece. Luego que llegara a mis manos la agenda a seguir como Hno. penitente y componente miembros. Lo he leido y re-leido unas y tantas veces. Me puse a meditar seis años al pasado cuando comenzamos. ¡Muy hermoso! y como Hnos. Cheos penitentes que tantas gracias, Dios y la Santísima Virgen nos concedían y nos siguen concediendo.

Me siento como si me fuera hundiendo en mares profundos. Me doy cuenta, que lo que un día Dios puso en mi corazón desde el vientre de mi madre se va escapando en el grupo. Esto es el espíritu Cheo. Desaparece, como el sol en la noche, y yo como hermano penitente, sin la vocación Chea, soy nada. Si algún día, ésto, si vivo, el grupo entra a la Congregación Misionera de San Juan Evangelista yo estaré de lleno con ustedes.

Usted es un hermano que quiero de corazón, al igual que a los demás componentes del grupo, pero yo seguiré como Hno. Cheo en la Congregación y consagrado a la Virgen por el resto de vida que me queda. Pido perdón a usted y los suyos si en algo ofendo. Mi hogar es su hogar y para todos.

Sin nada más, su hermano en Cristo y María Santísima

____
Juan A. Figueroa Hernández
Hno. Cheo

APÉNDICE F
Certificado de institución de acolito

Oficina del Obispo

OBISPADO DE PONCE
Apartado 205 - Estación 6
Ponce, Puerto Rico - 00731

CERTIFICADO de INSTITUCION de ACOLITO

Por el presente documento hago constar que el señor JUAN ABAD FIGUEROA HERNANDEZ fue instituído ACOLITO de acuerdo con el rito prescrito por el Motu proprio "Ministeria quaedam" de 15 de agosto de 1972, por Su Excelencia Reverendísima Monseñor Ulises Casiano Vargas, Obispo de Mayaguez, en Misa Pontifical celebrada en la capilla de la Asociación de San Juan Evangelista, Peñuelas, el 27 de diciembre de 1976.

Desde el Obispado de Ponce, el 9 de febrero de 1977

+ Fremiot Torres Oliver

(Fdo.) Fremiot Torres Oliver
Obispo de Ponce

Referencias Bibliográficas

Griñón de Montfort, San Luis María. (1990). *Tratado de la verdadera devoción a la Santísima Virgen.* Barcelona. Editorial Esinsa.

Ignacio Larrañaga, Rev. (1990). *El silencio de María.* (4ta. ed). Bogotá. Colombia. Ediciones Paulinas.

Juan Pablo II. (1990). *El Espíritu Santo en la enseñanza de Juan Pablo II.* (1ra ed.) México D. F. Liberia Parroquial de Claveria.

Milagro, Alfonso. (1989). *Felices los que lloran, Evangelio y Amor.* (1ra ed). Caracas. Venezuela. Ediciones Paulinas.

Rotelle, John E. (1991) *Un pensamiento diario de Agustín de Hipona.* Caracas Venezuela. Ediciones Paulinas.

Sánchez Ruiz, Valentín MP.(1964) *Confesiones de San Agustín.*(4ta. ed). Madrid. España. Editorial Apostolado de la Prensa, S.A.

Santaella Rivera, Esteban, Rev. (2003). *Historia de Los Hermanos Cheos Recopilación de Escritos y Relatos.* (2da ed.) Rincón. MB Publishers de Puerto Rico.

Schneider, Roque. (1989). *El valor de las pequeñas cosas.* (2da.ed) Bogotá. Colombia. Ediciones Paulinas.

Revistas

"Homenaje a los Hermanos Cheos". (9 de mayo de 1992). *El Visitante de Puerto Rico*. p.7

Álvarez, J.L., Pérez W. Primera Cruzada San Juan Evangelista. (9 de noviembre de 1996). *El Visitante de Puerto Rico.p.8.*

Calkins, A. B. Rev. (marzo-abril 1992). "La verdadera devoción a María Madre de la Misericordia." *Alma Mariana*

Calkins, A. B. Rev. (noviembre-diciembre, 1991). "La consagración mariana en la vida de iglesia." San Juan Damasceno. *Alma Mariana.* p. 46

Dávila, A. Dr. (16 de mayo de 1992). "Homenaje a los Hermanos Cheos". *El visitante de Puerto Rico.* p. 2- 3

Grosz, E, M. Rev. (Septiembre- Octubre 1991)."Fátima: nuestro camino a Cristo a través de María Inmaculada." *Alma Mariana.* p. 17-18

Inundaciones de Puerto Rico. (5-10 de octubre de 1970). Recuperado de ECO Exploratorio: Museo de Ciencias de Puerto Rico.

López Ortiz, A. (marzo- abril 1993). "Meditación de los misterios dolorosos con el Santo Padre Juan Pablo II". *Alma Mariana.* p. 11-16

López Ortiz, A. "Guía para la formación del dirigente del apostolado mundial de Fátima." (mayo- junio 1993). *Alma Mariana.p.20-24.*

Miller, F.L. Rev. (mayo-junio 1992). "Nuestra Señora de Fátima Catequista de nuestro siglo". *Alma Mariana* p. 30-32

Santaella Rivera, E. Rev. Los hermanos Cheos, obra de Dios II. (20 de junio de 1992). *El visitante Semanario Católico de Puerto Rico.* p. 2

Santaella Rivera, E. Rev. Los hermanos Cheos, obra de Dios. (13 de junio de 1992). *El Visitante de Puerto Rico.* p.5

Torres Oliver, Mons. F. Cruzada Misionera. (10 de octubre de 1998).*El Visitante de Puerto Rico. p. 16*

Manuscrito Inédito

Arroyo, I. "*Los Hermanos Cheos y la evangelización en Puerto Rico.*" Universidad Católica de Puerto Rico, Río Piedras. Puerto Rico. p. 1-21.

Barreiro, Herminio. *Hermanos Cheos Penitentes.* Manuscrito Inédito de 3 páginas

Pérez, W., Colon G., Maldonado, J. *Primera Cruzada San Juan Evangelista Un Puerto Rico para Cristo y María.* P.1-28

Comunicación Personal (Entrevistas)

Figueroa Hernández, Juan Abad, comunicación personal, 1994-1995

Pérez González, Dolores, comunicación personal, 1994- 1995

Epílogo

"Señor, reflexiono en la obra de tus manos."

He visto en el espejo de la vida de mi padre, su identidad encontrada en la cruz de Cristo. Su infancia estuvo rodeada de muchas limitaciones debido a la pobreza que prevalecía para aquellos años. Llegada la juventud su vida fue una de oscuridad, etapa de libertinaje que lo llevaba poco a poco a marchitar su alma. Estaba vacío. Pero Dios obró cuando plantó en su camino la hermosura de una flor, cuyas raíces germinaron en luz. Esa flor fue mi madre, de quien aprendió a profundizar en la fe mariana, y quien se convertiría en colaboradora de su misión evangelizadora. En su alma habitaba el amor de la Santísima Virgen. Desde aquel momento depertó en él la verdadera savia de la vida. Comenzó a amar a María Santísima, y amando a María también estaba amando a Jesús. Dios permitió que volviese a nacer, inundado por la gracia del Espíritu Santo, para que entonces, siendo un hombre de fe, pudiese afrontar la cruz de su propia vida, a la que se abrazó hasta el final. De San Luis María de Montfort aprendió a hacerlo todo "por María, con María, en María y para María," quien a su vez lo llevó más profundamente al encuentro de su Hijo, Jesús.

Ésta, su cruz, estuvo marcada por calumnias, humillaciones, rechazos y golpes que le hirieron en su más íntimo. Me consta saber con cuanta fe y veracidad hizo énfasis en las palabras de San Pablo a los romanos "soporten con valor los sufrimientos". Hay heridas que calan el alma y hubo una que lo marcó, pero que lo llevó a profundizar más en su fe y en su compromiso con la congregación misionera San Juan Evangelista, Hermanos Cheos. Todo lo pudo sobrellevar por tener presente la Divina Providencia quien, con su sabiduría, le ayudó a meditar y a comprender el valor del sufrimiento, el cual unió al sufrimiento de Cristo. Recuerdo que solía decir: "Cuánto más sufras, más cerca Dios estará de ti." Su cruz fue una bendición, pues con ella logró su autorealización como hombre según el plan de Dios. Fue por esta razón que sobre sus hombros llevo su yugo con alegría.

Aquellos sus sufrimientos, contradicciones, humillaciones y persecuciones le ayudaron a fijar más sus ojos en Jesús, que también fue perseguido y martirizado, quedando esperanzado en la bienaventuranzas del divino Maestro (Lc 6, 20-23). "El que no carga con su propia cruz y me sigue no puede ser mi discípulo" (Lc 14,27). Cada día fue encontrándose con la cruz de Jesucristo, profundizando aún más en la gran virtud de la esperanza. Fue en cada frustración, en cada sufrimiento, en cada humillación donde fue revistiéndose cada día más de Jesús- sufriente experimentando, a su vez, una transmutación espiritual que le acercaba más a Dios, y donde iba trazando su camino a la gracia santificante.

Durante toda su vida como Hno. Cheo el gozo de la gracia rebozó en su corazón, porque supo cargarla con amor filial y mucha entrega. La fragancia que me hizo respirar y sentir la fuerza de Dios en su vida, estuvo cimentada en los testimonios basados en aquellas andanzas por los lugares más marginados, pobres y peligrosos. Jamás se sintió abandonado por Jesús, pues estuvo acompañado por su fuerza liberadora.

Durante su noviciado fue escalando un crecimiento espiritual nacido de las lecturas, las meditaciones y el silencio interior, que le ayudaron a profundizar en aquellos los pasos de Jesús; en aquella su disposición de amor y de sacrificio por la salvación de la almas. Considero que su espiritualidad nació de la imitación de Cristo crucificado. Pues "a Jesús se le conoce en la medida en que se le imita y se le sigue". (Jn 14,5-14) Y unida a esta espiritualidad también estaba la espiritualidad, y la profunda fe que moraba en aquellos los Hermanos Cheos- los pioneros- y de quienes aprendió tanto: el Hno. Carlos Torres, El Hno.Federico Rodríguez y el Hno. Magdaleno Vásquez . Aquellos sus conocimientos espirituales influyeron significativamente en su vida ya que estaban centrados en los misterios de

Cristo, en la fuerza del Espíritu Santo y en María Santísima, nuestra Madre de la Providencia, en quien moraba la vida de la gracia. De ellos aprendió, que para entonces, solo había un camino para la conversión de muchos: creer en el poder del Espíritu Santo y tener a María Santísima como ancla para la restauración del país en aquella crisis de fe que se vivía.

Él, al igual que aquellos humildes jibaritos, fue un humilde apóstol mariano a quien Dios escogió para que fuese partíciple en la construcción de su obra evangelizadora por el bien de la salvación de las almas. Aún conociendo sus tantas debilidades humanas, demostró su gran determinación de seguir a Cristo, difundiendo la verdad encerrada y cimentada en las enseñanzas de Jesús; demostrando su persistencia y dedicación de profundizar más en su cruz. Fue fiel a Su evangelio. Y luchó contra todo lo que se oponía a la voluntad de Dios para con él en su camino. Durante sus años de vida apostólica, con aquel su caracter jocoso, sembró la esperanza en muchos que estaban hundidos en el pecado, aumentando éstos su fe y perseverarando en el desaliento.

Su conversión fue una roca firme en el seguimiento de Jesús, como Jesús Camino, Verdad y Vida, por medio del Espíritu Santo. Fue realmente una conversión de morir al hombre viejo y nacer al hombre nuevo. (Rom 6) "Soy un pobre pecador, pero confiado en la palabra de Jesús que me hace ser un fiel testigo de su sola verdad"-señalaba-. Aprendió a morir en Cristo para resicutar en Él.

Ya entrado en edad, fue perseguido por las enfermedades las cuales consideró como medios de purificación. En los momentos de grandes tempestades siempre se amparó bajo la protección de María Santísima y de su amado Jesús. A los ochenta años conservó su espíritu de niño. Siempre estuvo riéndose y con gran sentido del humor, pese a las adversidades vividas. La oración fue el centro de su vida. Solía repetir: "Vivan alegres por la esperanza que tienen, soporten con valor los sufrimientos, no dejen nunca de orar."(Rom 12, 12).

Hoy le recuerdo por medio de estos escritos. Me detengo a analizar aquellos dones que Dios le dio; sus grandes destrezas para tocar las maracas, la armónica y el acordeón. ¡Con qué facilidad lo hacía! Pudo haber sido un gran escritor, por lo que fue muy amante de la lectura; o un gran ingeniero. Construyó muchas casas a familias de escasos recursos gratuitamente, pero la suya la construyó en lo más profundo de la roca: JESUS. Me transporto a años atrás, en el balcón de nuestra casa y miro hacia aquella esquina en la que solía sentarse cada mañana con la santa Biblia, su imagen de Fátima, su rosario, y el libro de la Liturgia de las Horas del Pueblo (Laudes, Vísperas y Completas). Todo esto componía su círculo de oraciones con las que daba inicio cada mañana, desde las seis hasta las diez. Su rostro reflejaba la serenidad y la entrega de tantos años; entrega en oración, adoración y sacrificio. En su desprendimiento de todo lo material y lo mundano, se abrazó a Dios en su totalidad. Dios lo había convertido en mensajero de su palabra, de su resurrección. Sintiéndose pobre se hizo rico. No tuvo nada, pero lo tuvo todo. Desde que encontró a Jesús, mantuvo sus ojos firmes en su presencia, caminado cada día de su vida con un solo objetivo, el de alcanzar la eternidad.

Al morir su rostro reflejaba paz, producto de su conversión fiel al compromiso para con Cristo, despertándo siempre a la Vida. "Su alegría fue el fruto del Espíritu Santo" (Gal 5,22). "Donde abundó el pecado, sobreabundó la gracia" (Rom 5, 20). En cada huella que dejó solo pude ver lo mucho que aprendió a morir en Cristo para sólo resucitar en Él. Dios lo transformó, y esta transformación estaba cimentada en aquella su esperanza en el Padre.

Al igual que San Agustín, siempre solía repetir: "Solo una cosa deseo: " Habitar en tu casa Señor, todos los días de mi vida para contemplar tu gloria." Y por fe, estamos seguros que éste su deseo se ha cumplido.

Made in the USA
Middletown, DE
16 October 2022

12768960R00136